REVIVER A MÃE!
SEXO, CULTURA E OUTRAS CRIAÇÕES

Editora Appris Ltda.
1.ª Edição - Copyright© 2025 da autora
Direitos de Edição Reservados à Editora Appris Ltda.

Nenhuma parte desta obra poderá ser utilizada indevidamente, sem estar de acordo com a Lei n°
9.610/98. Se incorreções forem encontradas, serão de exclusiva responsabilidade de seus organi-
zadores. Foi realizado o Depósito Legal na Fundação Biblioteca Nacional, de acordo com as Leis n[os]
10.994, de 14/12/2004, e 12.192, de 14/01/2010.

Catalogação na Fonte
Elaborado por: Dayanne Leal Souza
Bibliotecária CRB 9/2162

	Padilha, Taoana Aymone
P123r	Reviver a mãe!: sexo, cultura e outras criações / Taoana Aymone
2025	Padilha. – 1. ed. – Curitiba: Appris, 2025.
	135 p. ; 23 cm. – (Coleção PSI).
	Inclui referências.
	ISBN 978-65-250-7709-3
	1. Psicanálise. 2. Mãe. 3. Feminismo. I. Padilha, Taoana Aymone.
	II. Título. III. Série.
	CDD – 150.195

Livro de acordo com a normalização técnica da ABNT

Appris
editorial

Editora e Livraria Appris Ltda.
Av. Manoel Ribas, 2265 – Mercês
Curitiba/PR – CEP: 80810-002
Tel. (41) 3156 - 4731
www.editoraappris.com.br

Printed in Brazil
Impresso no Brasil

Taoana Aymone Padilha

REVIVER A MÃE!
SEXO, CULTURA E OUTRAS CRIAÇÕES

Appris
editora

Curitiba, PR
2025

FICHA TÉCNICA

EDITORIAL	Augusto Coelho
	Sara C. de Andrade Coelho

COMITÊ EDITORIAL E CONSULTORIAS

Ana El Achkar (Universo/RJ)
Andréa Barbosa Gouveia (UFPR)
Antonio Evangelista de Souza Netto (PUC-SP)
Belinda Cunha (UFPB)
Délton Winter de Carvalho (FMP)
Edson da Silva (UFVJM)
Eliete Correia dos Santos (UEPB)
Erineu Foerste (Ufes)
Fabiano Santos (UERJ-IESP)
Francinete Fernandes de Sousa (UEPB)
Francisco Carlos Duarte (PUCPR)
Francisco de Assis (Fiam-Faam-SP-Brasil)
Gláucia Figueiredo (UNIPAMPA/ UDELAR)
Jacques de Lima Ferreira (UNOESC)
Jean Carlos Gonçalves (UFPR)
José Wálter Nunes (UnB)

Junia de Vilhena (PUC-RIO)
Lucas Mesquita (UNILA)
Márcia Gonçalves (Unitau)
Maria Margarida de Andrade (Umack)
Marilda A. Behrens (PUCPR)
Marília Andrade Torales Campos (UFPR)
Marli C. de Andrade
Patrícia L. Torres (PUCPR)
Paula Costa Mosca Macedo (UNIFESP)
Ramon Blanco (UNILA)
Roberta Ecleide Kelly (NEPE)
Roque Ismael da Costa Güllich (UFFS)
Sergio Gomes (UFRJ)
Tiago Gagliano Pinto Alberto (PUCPR)
Toni Reis (UP)
Valdomiro de Oliveira (UFPR)

SUPERVISORA EDITORIAL	Renata C. Lopes
PRODUÇÃO EDITORIAL	Adrielli de Almeida
REVISÃO	Milena Castro
DIAGRAMAÇÃO	Amélia Lopes
CAPA	Lucielli Trevizan
REVISÃO DE PROVA	Jibril Keddeh

COMITÊ CIENTÍFICO DA COLEÇÃO PSI

DIREÇÃO CIENTÍFICA Junia de Vilhena

CONSULTORES Ana Cleide Guedes Moreira (UFPA)

Betty Fuks (Univ. Veiga de Almeida)

Edson Luiz Andre de Souza (UFRGS)

Henrique Figueiredo Carneiro (UFPE)

Joana de Vilhena Novaes (UVA |LIPIS/PUC)

Maria Helena Zamora (PUC-Rio)

Nadja Pinheiro (UFPR)

Paulo Endo (USP)

Sergio Gouvea Franco (FAAP)

INTERNACIONAIS Catherine Desprats - Péquignot (Université Denis-Diderot Paris 7)

Eduardo Santos (Univ. Coimbra)

Marta Gerez Ambertín (Universidad Católica de Santiago del Estero)

Celine Masson (Université Denis Diderot-Paris 7)

*Para a potência criativa que nos habita.
Em especial, para minha amada mãe, Maria Eliane,
e para o meu amado pai, Eliseu (in memoriam).*

PREFÁCIO

Toda escrita é, de certa forma, um ato visceral, e Taoana Aymone Padilha, em *Reviver a mãe! Sexo, cultura e outras criações*, não hesita em evidenciar a força desse gesto. Sua trajetória acadêmica, marcada pela imersão crítica na psicanálise e no feminismo, transforma este trabalho em uma contribuição potente ao propor "novas leituras que levem em consideração as especificidades do sexo feminino e o lugar da mãe, tanto no inconsciente quanto nas construções culturais" (Padilha, 2025). Ao cruzar as contribuições de Sigmund Freud, Karen Horney e Luce Irigaray, a autora desafia a lógica falocêntrica e convida o leitor a pensar a diferença sexual a partir de uma epistemologia feminista.

O texto inicia por Sigmund Freud, figura central na psicanálise, mas que, como indica Padilha, carrega limites na abordagem do feminino. Freud é amplamente conhecido por suas formulações sobre o complexo de castração e a inveja do pênis, conceitos que, embora inovadores em seu tempo, revelam uma perspectiva restritiva do sexo feminino. Em suas palavras: "O reconhecimento da falta de pênis e, com isso, também da superioridade do homem e da própria inferioridade, constitui uma ferida narcísica incurável para a menina" (Freud, [1925] 2018, p. 206).

Esse trecho, como bem aponta Padilha, reflete a visão culturalmente arraigada da inferiorização feminina. Contudo, o próprio autor prefigura possibilidades críticas, quando admite que "a vida sexual da mulher adulta é um continente obscuro para a psicologia" (Freud, [1926] 2016, p. 174). É a partir desse obscuro, desse lugar não dito, que Karen Horney e Luce Irigaray elaboram suas contribuições.

Karen Horney, pioneira em romper com a ortodoxia psicanalítica, oferece um olhar revolucionário sobre a psique feminina. Ao contrapor a ideia da inveja do pênis, Horney afirma que é a cultura, e não a biologia, que estrutura a ideia da inferioridade feminina. Como Padilha destaca, é na voz de Horney que emerge a crítica mais contundente à universalização masculina da experiência humana: "As influências culturais desempenham um papel muito mais decisivo do que os elementos anatômicos" (Horney, 1939 *apud* Padilha, 2024).

Ao destacar a história e a cultura como fundamentais na construção da subjetividade, Horney abre espaço para uma psicologia genuinamente feminina como um saber situado, responsável por suas particularidades e limites (Padilha, 2024).

Por sua vez, Luce Irigaray vai ainda mais longe ao propor um feminismo da diferença, em que a linguagem e a simbolização do feminino são centrais. A crítica irigariana ao falogocentrismo, como aponta Padilha, tem um papel transformador: "A escrita feminina possibilita a expressão do feminino na linguagem, por meio da transformação de nossa relação com a dimensão simbólica" (Padilha, 2024).

Ao trazer o corpo, os afetos e a pluralidade da existência feminina para o campo simbólico, Irigaray cria espaços de resistência e renovação, onde o feminino deixa de ser apenas um vazio ou um outro em relação ao masculino.

Nessa perspectiva, o trabalho de Taoana Padilha se firma como uma resposta vigorosa à pergunta freudiana "O que quer a mulher?". Padilha reposiciona a interrogação, questionando o feminino na mulher como uma indagação ética e política alinhada às práticas da epistemologia feminista.

Esta obra também atua como interlocutora entre diferentes áreas do saber. A Psicanálise, muitas vezes vista como um campo hermético, ganha novo vigor ao dialogar com os movimentos feministas e com a epistemologia da diferença. A própria autora indica que "na atualidade, mesmo com todas as transformações sociais que acompanhamos todos os dias nas normas e nos costumes, o tabu do sexo feminino persiste" (Padilha, 2024). A leitura, portanto, não é apenas um percurso teórico, mas também um chamado à reflexão sobre como as estruturas culturais continuam a marginalizar e silenciar o feminino.

Outro ponto marcante é a relação entre a escrita e o corpo, que atravessa todo o texto. Ao incorporar a dimensão corporal na elaboração teórica, Padilha rompe com uma tradição acadêmica que frequentemente prioriza o intelecto em detrimento das experiências sensíveis. Como destaca Donna Haraway (1995, p. 16 *apud* Padilha, 2024): "[...] precisamos de uma rede de conexões para a Terra, incluída a capacidade parcial de traduzir conhecimentos entre comunidades muito diferentes - e diferenciadas em termos de poder". Assim, Padilha tece um diálogo que conecta o local ao universal, questionando a pretensa neutralidade da ciência e reafirmando o lugar do corpo, da experiência e da subjetividade na produção do saber. Essa perspectiva nos lembra que o conhecimento não é um exercício desvinculado do mundo, mas uma prática situada, enraizada nos afetos, nos corpos e nas relações que atravessam a existência humana.

Ao longo de *Reviver a mãe! Sexo, cultura e outras criações*, Taoana Aymone Padilha nos convida a repensar os alicerces da Psicanálise e da cultura ocidental, ampliando os horizontes teóricos e simbólicos para acolher as pluralidades do feminino. Este trabalho não apenas resgata vozes femininas silenciadas, mas também constrói um espaço onde a criação e a transformação se tornam possíveis. Trata-se, em última análise, de um convite para imaginar novas formas de existência e pensamento, em que o feminino não é mais uma ausência, mas uma força criadora indispensável para a construção de um mundo mais justo e inclusivo.

Desse modo, Taoana Aymone Padilha nos oferece uma contribuição fundamental: um texto dançarino que se move entre Freud, Horney e Irigaray, mas que, sobretudo, traz a marca singular de uma autora comprometida com o gesto político de reviver a mãe. Aqui, o feminino não apenas resiste, mas pulsa com força criadora. A potência deste texto reside na coragem de explorar territórios complexos, recusando-se a naturalizar o silenciamento do feminino na história da Psicanálise e na cultura patriarcal. Através de uma escrita fluida e apaixonada, Padilha nos convida, como leitores(as), a dançarmos juntos(as), celebrando o corpo, a linguagem e o simbólico como espaços de criação.

"Minha escrita é, sim, uma escrita movida a paixões, singulares e coletivas" (Padilha, 2024).

Carla Cristina Garcia

Pós-doutora pelo Instituto José Maria Mora, México-DF.
Doutora e mestre em Ciências Sociais pela PUC-SP.
Professora e pesquisadora.
Coordenadora do Inanna, Núcleo transdisciplinar
de investigações de sexualidades, gênero e diferenças da PUC-SP.

REFERÊNCIAS

FREUD, Sigmund [1931]. Sexualidade feminina. *In*: FREUD, Sigmund. **Amor, sexualidade, feminilidade**. Belo Horizonte: Autêntica, 2018. (Obras incompletas de Sigmund Freud).

HARAWAY, Donna. Saberes localizados: a questão da ciência para o feminismo e o privilégio da perspectiva parcial. *In*: HARAWAY, Donna. **Manifesto ciborgue e outros ensaios**. Tradução de Mary Jane Paris Spink. São Paulo: Editora 34, 1995.

HORNEY, Karen [1935]. As mulheres e o medo de agir. **Lacuna**: uma revista de psicanálise, São Paulo, n. 13, p. 2, 2022. Disponível em: https://revistalacuna.com/2022/08/10/n-13-03/. Acesso em: 9 jan. 2025.

IRIGARAY, Luce. **O sexo que não é um**: mulheres, subjetividade e diferença sexual. Rio de Janeiro: Rocco, 1985.

PADILHA, Taoana Aymone. **Reviver a mãe**: sexo, cultura e outras criações. 2024. Tese (Doutorado em Psicologia Social) – Pontifícia Universidade Católica de São Paulo, São Paulo, 2024. Disponível em: https://tede2.pucsp.br/handle/handle/42908. Acesso em: 20 dez. 2024.

SUMÁRIO

INTRODUÇÃO 13

1
FREUD: FILHO DA MÃE... 23
1.1 ONDE ESTÁ A MÃE NAS ORIGENS DA CULTURA? 25
1.2 A MATERNIDADE COMO DESTINO FEMININO 30
1.3 PROBLEMATIZAÇÃO FREUDIANA DA DIFERENÇA SEXUAL 38
1.4 A RELAÇÃO PRÉ-EDÍPICA COM A MÃE.................................. 41
1.5 AS FEMINISTAS E FREUD 45

2
KAREN HORNEY: MÃE DA PSICOLOGIA FEMININA 51
2.1 A CRÍTICA DA UNIVERSALIZAÇÃO E DA DOMINAÇÃO
MASCULINA NA PSICANÁLISE 54
2.2 SEXO FEMININO, PRESENTE! 58
2.3 FANTASIAS EDIPIANAS E COMPLEXO DE MASCULINIDADE................. 62
2.4 A DANÇA DA SERPENTE 63
2.5 O MEDO DO SEXO FEMININO 68
2.6 A INVEJA DA MATERNIDADE 72
2.7 IDEAL PATRIARCAL DE FEMINILIDADE 77
2.8 O MASOQUISMO É FEMININO?.. 80
2.9 NECESSIDADE NEURÓTICA DE AMOR..................................... 82

3
LUCE IRIGARAY: ESSA QUE NÃO É UMA................................. 89
3.1 AS ONDAS E O FEMINISMO DA DIFERENÇA 90
3.2 A PLURALIDADE DO SEXO FEMININO 102
3.3 REVIVER A MÃE!.. 107
3.4 OUTRAS LINGUAGENS 111

CONSIDERAÇÕES FINAIS 121

REFERÊNCIAS 129

INTRODUÇÃO

Posso dizer que minha experiência de escrever este texto foi um parto. Depois de uma longa gestação de alguns anos; momento no qual decidi me nutrir das mais diversas fontes de saberes e inspirações, o trabalho da escrita de fato começou. As contrações iniciaram aos poucos e foram aumentando em intensidade. Eu sabia que o texto precisava nascer, mas isso não iria acontecer sem o meu intenso esforço ativo. As letras precisavam sair pelo meu trabalho de corpo, de mente e de espírito criativo. A dilatação aumentava, a pressão e a minha força também. Algumas vezes pensei que não iria aguentar. Mas algo que é mais forte do que eu mesma, me fez continuar. E, a cada página escrita, uma nova parte desconhecida aparecia; um novo conjunto de afetos, palavras e pensamentos organizados em um sistema relativamente inteligível. Enfim, este corpo que saiu de mim, não sem tantas outras vidas, ganha vida própria.

A escrita não é um trabalho puramente intelectual. É um trabalho visceral. Envolve uma multiplicidade de experiências, vivências, aprendizados e afetos que nos marcam e nos entrelaçam com o mundo, com a coletividade e com o cosmos. Minha escrita é, sim, uma escrita movida a paixões, singulares e coletivas. E, como tudo aquilo que mobiliza a intensidade dos desejos, era de se esperar que também convocasse algumas resistências. Não é fácil encontrar as palavras para dizer o que se experimenta com os afetos. Não é simples delimitar, dentro de um formato preestabelecido, o que poderia se dizer sobre o que se vibra como ser humana. Aceitei lidar com os meus próprios limites e com os limites da linguagem verbal, encontrando neles a possibilidade de ir além de mim mesma e acessar as potências que habitam no espaço e no tempo que descubro entre nós.

Não existe um lugar ou um momento adequado para escrever. Existe o impulso persistente, e às vezes inadequado, de escrever; marcar o vazio, buscar capturar algo do inefável daquilo que vivenciamos e que nos atravessa os poros. Quando escrevemos sobre algo, modificamos nossa relação com isso, pois somos seres de línguas e de linguagens... Escrever é bordejar, com letras, o indizível. Na busca pelas palavras certas, topei com inumeráveis palavras incertas, com pensamentos incompletos, argumentos que não se fecham em si, mas que se abrem, se ampliam e se costuram nas páginas a seguir.

As palavras que vocês encontrarão aqui partem da singularidade de minhas experiências como mulher, humana e profissional: partem de um corpo sexual, marcado pelo sexo feminino, e miram as suas singularidades, também sexuais, múltiplas e complexas. São convites que lanço para dançarmos juntas, juntos e juntes na trama cósmica e criativa da existência. Quer dançar comigo?

Minha caminhada com a Psicanálise passa pelo clássico tripé: análise pessoal, estudos teóricos e prática clínica. Por mais de uma década estive em intensivo contato com a psicanálise lacaniana, seja em minha análise pessoal, clínica ou estudos realizados em uma ampla variedade de cartéis, seminários e grupos de trabalhos coletivos. Nesse tempo, me dediquei com afinco aos estudos sobre a sexualidade feminina, a feminilidade e o feminino em Psicanálise, a partir da leitura freudiana, lacaniana e pós-lacaniana.

E foi do clássico tripé freudiano — análise, teoria e clínica — que os enigmas cantáveis do inconsciente me levaram para um caminho de aberturas e de novas perspectivas e horizontes, no entrelaçamento crítico e criativo da Psicanálise com distintos campos do saber.

Ao final do mestrado em Psicanálise, percebi, com bastante nitidez, que o que Freud e Lacan escreveram sobre as mulheres — o mesmo que muitos de seus leitores contemporâneos ecoam — é bastante problemático.[1] Suas ideias não apenas não correspondiam às diversas camadas de minhas vivências como ser humana, como também não dialogavam com a complexidade das tantas mulheres que eu escutava na clínica, nos meus círculos de amizades, nas famílias e nas ruas. Suas abordagens sobre as mulheres eram compostas por suas experiências enquanto homens, tanto pessoais quanto profissionais, e por seus contextos históricos e sociais. Eles escreviam a partir do que observavam, munidos por seus referenciais teóricos, em grande parte compostos por autores homens, que também abordavam as questões das mulheres a partir de suas experiências pessoais e coletivas na sociedade patriarcal.

---

[1] Aqui faço das palavras de Judith Butler as minhas: "No discurso vigente da minha infância, criar problema era precisamente o que não se devia fazer, pois isso traria problemas para nós. A rebeldia e sua repressão pareciam ser apreendidas nos mesmos termos, fenômeno que deu lugar a meu primeiro discernimento crítico da artimanha sutil do poder: a lei dominante ameaçava com problemas, ameaçava até nos colocar em apuros, para evitar que tivéssemos problemas. Assim, concluí que problemas são inevitáveis e nossa incumbência é descobrir a melhor maneira de criá-los, a melhor maneira de tê-los" (Butler, 2019, p. 7).

A afirmação lacaniana de que "o que de mais notável restou das mulheres na história é, propriamente falando, tudo o que se pode dizer delas de infamante" (Lacan, 2010, p. 176) deveria nos inquietar. Por que será que tantas psicanalistas ainda seguem fiéis esse mesmo caminho que as difama? Por que tantos psicanalistas seguem incapazes de reconhecer e amar a diferença que os sexos encarnam? Difamar as mulheres poderia se transformar em amar as suas diferenças? Essa última pergunta me impeliu no aprofundamento das reflexões sobre o tema.

Desde o mestrado, comecei a me questionar sobre quais seriam os efeitos da teoria psicanalítica sobre a diferença sexual, e em especial sobre o sexo feminino, para a formação das futuras e dos futuros psicanalistas. Já banhada nas águas do pensamento crítico, notava que a abordagem fálica da sexualidade produzia efeitos normativos e castradores sobre as intervenções de tais profissionais em suas práticas teóricas e clínicas. E mais, além disso, percebia um verdadeiro descompasso entre as experiências da clínica — compartilhadas nos relatos e discussões de casos com colegas — e as produções teóricas referentes às questões do feminino.

Simone de Beauvoir, em *O segundo sexo*, começa o capítulo sobre *O ponto de vista psicanalítico* chamando a Psicanálise de religião. A filósofa menciona o caráter religioso da área, comparando-a ao Marxismo e ao Cristianismo. Ora, se uma das características fundamentais do pensamento religioso é a presença de dogmas e o apego às crenças imutáveis, devemos nos questionar: o que faz com que a Psicanálise seja tratada, muitas vezes, pelos próprios psicanalistas, como uma religião? Qual é o medo subjacente que alimenta tamanha necessidade de segurança?

Como a figura mitológica da Esfinge[2], penso que a Psicanálise se constitui como um saber híbrido. Produzida na dinâmica interlocução entre as emergências inesperadas da clínica e uma multiplicidade de saberes, desde a aurora do século XX, na escuta dos sofrimentos psíquicos, é tecida como uma teia complexa envolvendo os conhecimentos da Medicina, Biologia, Filosofia, Antropologia, Mitologia, Literatura, Poesia... tal tessitura se uniu ainda com os coloridos fios da Linguística, da Lógica, da Matemática, do Cinema, da Música, das Artes Plásticas... e assim por diante, em um caminho aberto e não linear até os dias atuais. As muitas

---

[2] A Esfinge é uma figura mitológica presente em diversas culturas da Antiguidade. Na Grécia Antiga, é citada por diversos autores trágicos, como é o caso de Sófocles na tragédia Édipo rei. A Esfinge, figura feminina, terrível e perigosa, cantora poderosa de enigmas de difícil solução, pode ser interpretada como um dos símbolos clássicos do feminino na civilização patriarcal, assim como as sereias.

vozes presentes nos movimentos criativos da Psicanálise se assemelham a uma sinfonia, e nada é mais distante disso do que a busca monocórdica da ortodoxia em conservar sempre o mesmo tom. O medo do desamparo de alguns psicanalistas e a angústia defensiva de romper com a tradição veiculada pela doutrina não é coerente com a própria ética da Psicanálise. Ética singular, sustentada pela inventividade do desejo que traz, a cada nova análise, a marca radical da diferença.

Hoje, pode-se bem dizer que o feminino nos convoca e, para tal, iremos realizar o percurso no pensamento de autoras que trabalharam com a Psicanálise de maneira feminina e feminista. Feminista, pois criticam a dominação masculina no seio das questões psicanalíticas, na criação de suas teorias e em suas práticas clínicas e institucionais; e femininas, pois abordam as especificidades do sexo feminino para além da perspectiva masculina e falocêntrica do inconsciente. Elas são: a psicanalista pioneira, Karen Horney, e a psicanalista e feminista da diferença, Luce Irigaray.

Tanto Karen Horney quanto Luce Irigaray dialogam extensamente com o pensamento de Sigmund Freud em suas obras e, portanto, fiz a escolha de começar o trabalho apresentando alguns dos principais elementos da teoria freudiana sobre a sexualidade feminina, o feminino e a diferença sexual, no sujeito e na cultura, para fundamentar o desenvolvimento da discussão. Lacan, apesar de avançar em diversos pontos, e em relação a questão do gozo feminino em especial, não será objeto de um capítulo, pois, a meu ver, e segundo as suas próprias palavras, ele atuou de maneira fiel ao pensamento de Freud, considerando-se um psicanalista freudiano em sua práxis, ao atualizar as concepções do mestre vienense para o seu contexto acadêmico e intelectual na França.

Da contribuição lacaniana, a abordagem da diferença sexual a partir da dimensão do significante[3] será fundamental para nosso entendimento. Para o psicanalista, homem e mulher são significantes[4] e, portanto, produzem significações múltiplas, que comportam inevitáveis equívocos de linguagem. Quando os termos mulher e homem aparecerem ao longo do trabalho, segundo o autor e as autoras estudadas, a diferença sexual será tratada — mesmo quando associada à biologia ou à anatomia específica de cada sexo — a partir da diferença significante que ela pode invocar em

---

[3] LACAN, Jaques. Subversão do sujeito e dialética do desejo (1960). *In:* LACAN, J. **Escritos**. Rio de Janeiro: Jorge Zahar, 1998. p. 833. Segundo Lacan, "um significante representa o sujeito para um outro significante".

[4] "o homem, uma mulher, eu disse da última vez, não são nada mais que significantes. É daí, do dizer enquanto encarnação distinta do sexo, que eles recebem sua função" (Lacan, 2008, p. 45).

distintos contextos, jamais fechando o potencial criativo da significação em uma única interpretação ou em um único sentido possível.

Como veremos, tanto Freud quanto Horney e Irigaray chamaram de "mulher" as pessoas do sexo feminino e de "homem" as pessoas do sexo masculino. Entretanto, em nenhum momento, eles afirmaram que os significantes homem e mulher se restringiam a determinado sexo em específico. Nesse sentido, o presente trabalho respeita e integra as transformações das sexualidades, nos sujeitos e nas culturas.

Ao longo do percurso, desataremos alguns nós que nos prendem à lógica clássica, aristotélica, que, por sua vez, naturaliza a diferença sexual, partindo da suposição da inferioridade feminina. É notório que a tradição do pensamento ocidental, fundamentada no idealismo platônico, tem como fundamento lógico a criação de oposições hierárquicas. O bem está acima do mal, assim como a luz é superior à escuridão, a razão melhor do que a emoção, a mente sobrepuja o corpo e, assim, também o homem se eleva sobre a mulher. Associadas ao mal, à escuridão, à emoção e às paixões do corpo, as mulheres são desvalorizadas. Como são desmerecidos os elementos associados a elas: natureza, corporeidade, emotividade, sensibilidade, intuição e irracionalidade. A história da Filosofia e da ciência no ocidente, contada pela visão masculina, demonstra seu caráter hegemônico machista, misógino e excludente; contudo, a epistemologia feminista desvela que as mulheres foram e continuam sendo ativas na produção de conhecimento.

Uma ética feminina e feminista, presente na criação de saberes e de conhecimentos científicos, não trabalha de forma excludente, mas, sim, de maneira inclusiva. O que isso quer dizer? Como indica Wilshire (1997, p. 106), "uma visão feminista do conhecimento não deve dar continuidade ao padrão dualista, um ou outro", ou seja, para que a valorização das contribuições femininas à ciência de fato aconteça não se faz necessário desvalorizar os aportes masculinos nesse campo. Um e outro são importantes e traduzem diferentes aspectos da experiência humana, pois os seres humanos manifestam uma gama variada de qualidades consideradas, por sua vez, masculinas ou femininas, a depender do contexto cultural no qual estão inseridos.

A epistemologia feminista constitui formas de criar, criticar e pensar a produção do conhecimento no mundo, incluindo em seu bojo as inúmeras reflexões que surgem das experiências das mulheres, de suas produções e transformações ao longo da História. Como indica Margareth Rago, o feminismo não se limita a criticar as formas hegemônicas de produção de conhecimento nas culturas patriarcais; de fato, propõe modos distintos de abordar as relações entre os corpos, os afetos e os pensamentos. Considera que as mulheres possuem uma experiência histórica e cultural que é diferente da masculina; experiência feminina que se localiza nas margens e nas bordas do pensamento científico dominante, aquele que entende como masculino o sujeito do conhecimento.

A crítica feminista desvela o caráter pretensamente universal das categorias dominantes presentes na racionalidade burguesa, "que não se pensa em sua dimensão sexualizada, enquanto criação masculina, logo, excludente" (Rago, 1998, p. 4). Denuncia tal lógica identitária e ensimesmada, que não possui a capacidade de representar a diferença. No âmbito da ética da pesquisa feminista, o sujeito deixa de ocupar uma posição privilegiada perante o objeto de pesquisa, ao passo que é considerado a partir de suas variáveis dinâmicas e de suas múltiplas relações intersec-cionais: sociais, culturais, sexuais, étnicas etc.

Ao apontar que a linguagem feminista nasce da dimensão política da existência, Rago alerta que: "É difícil falar de uma epistemologia feminista, sem tocar na discussão sobre os perigos da reafirmação do sujeito mulher e de todas as cargas constitutivas dessa identidade no imaginário social" (Rago, 1998, p. 7). Logo, atentas para tal dificuldade, decidimos enfrentá-la, pois não é no sentido de afirmar a identidade feminina — como comumente abordada pela perspectiva masculina — que iremos caminhar. É fato que o ingresso do sujeito mulher na ciência, ou seja, o lançamento das questões e dos temas feministas em campos tradicional-mente masculinos, provoca desestabilizações e rupturas em tais sistemas, não sem ainda encontrar fortes resistências e permanências. Pois, como sugerem Ponciano e Arbo: "Com a invasão desses espaços, a história pode e deve ser re-interrogada, revisitada, pois há um novo olhar que possibilita a problematização de velhos conceitos e a criação de novos" (Ponciano; Arbo, 2022, p. 29).

A abordagem da epistemologia feminista se caracteriza por movimentos libertários que, ao contrário de buscar a rigidez e as cristalizações metodológicas e conceituais, mira nas aberturas e nas potencialidades transformadoras do conhecimento.

> Os conceitos se mostravam estreitos demais para pensar a diferença... muitas vezes misóginos, precisavam ser trans-

formados, abandonados, questionados, refeitos. Como lembra Elizabeth Grosz, não se tratava afinal de um simples esquecimento das mulheres de um campo neutro e objetivo de conhecimentos: "Sua amnésia é estratégica e serve para assegurar as bases patriarcais do conhecimento" (Rago, 1998, p. 9).

Os modos feministas de pensar propiciam a criação de novas linguagens; possibilitam diferentes formas de usar os corpos, as palavras e as línguas, e de encontrar expressões criativas nos campos do simbólico e do imaginário. Pois, em uma civilização patriarcal dominada pelas leis simbólicas do macho, é "aqui [que] se encontra a principal fonte do aporte feminista à produção do conhecimento, à construção de novos significados na interpretação do mundo" (Rago, 1998, p. 11, acréscimo nosso). A agência epistêmica, presente no feminismo, não busca se proteger do mundo para melhor compreendê-lo. Procura, sim, se inserir no coração da vida, para que, com suas pulsações rítmicas, algo de inesperado venha à luz. Assim, nascem conhecimentos que não se pretendem universais, mas assumem suas particularidades, limites e potências. Nesse sentido, são gerados conceitos que não visam permanecer sempre os mesmos e nem dar conta de responder a todas as questões lançadas sobre algum assunto específico, pois é nossa intenção viabilizar o que Sandra Harding chamou de "a instabilidade das categorias feministas" (Rago, 1998, p. 12). Sendo assim, na prática científica orientada pela ética feminista, nascem conceitos e ideias dançarinas.

No artigo *Saberes localizados: a questão da ciência para o feminismo e o privilégio da perspectiva parcial*, Donna Haraway propõe que pensemos a produção dos saberes a partir das relações complexas entre linguagens e corpos — contando com as suas potencialidades metafóricas — sem almejar qualquer forma de sistema global ou universal de pensamento. Segundo a autora, "[...] precisamos de uma rede de conexões para a Terra, incluída a capacidade parcial de traduzir conhecimentos entre comunidades muito diferentes — e diferenciadas em termos de poder" (Haraway, 1995, p. 16).

Em sua abordagem, que propõe atravessamentos da crítica feminista na ciência, a autora aponta que as narrativas ocidentais a respeito da objetividade são alegorias ideológicas compostas pelas relações entre os binômios clássicos, como corpo e mente, masculino e feminino, o que interessa ao feminismo na questão da ciência. Nesse sentido, argumenta que "apenas a perspectiva parcial promete visão objetiva" (Haraway, 1995, p. 21).

A objetividade feminista trabalha com o conhecimento situado, responsabilizando-se sobre o que produz, a partir de sua experiência, viva e encarnada, ao invés de mirar na transcendência e na separação entre o sujeito e o objeto de pesquisa. Nesse sentido, a pesquisadora é também objeto de sua pesquisa — no sentido de que ela própria é atravessada pelos diversos elementos de suas experiências, pela multidimensionalidade das vivências que a constituem naquele momento e que a levam a desejar pesquisar. Sendo assim, o objeto pesquisado é também sujeito, ou seja, ativo na produção das realidades que se manifestam ao longo do processo de pesquisa.

Embora exista um "grande valor em definir a possibilidade de ver a partir da periferia e dos abismos" (Haraway, 1995, p. 22), as perspectivas periféricas não são inocentes e isentas de revisões críticas. A prática da objetividade dos saberes situados privilegia "a contestação, a desconstrução, as conexões em rede e a esperança na transformação dos sistemas de conhecimento e nas maneiras de ver" (Haraway, 1995, p. 24). Desse modo, favorecem a criação de "saberes parciais, localizáveis, críticos, apoiados na possibilidade de redes de conexão, chamadas de solidariedade em política e de conversas compartilhadas em epistemologia" (Haraway, 1995, p. 23-24).

Promover saberes parciais ou conhecimentos situados, em conversas compartilhadas, quer dizer produzir saberes a partir de corpos, vivos e pulsantes, com experiências contextuais que levam em consideração os aspectos das distintas existências humanas e o que elas introduzem na ciência. São levadas em consideração as características singulares de cada ser humano que se lança em um trabalho de pesquisa. Cada corpo vivo oferece uma perspectiva singular sobre determinado tema. Corpos são afetados e afetivos. Corpos são sensíveis, feitos de orifícios e de furos que nos conectam com a vida exterior e íntima. Corpos nascem, vivem e morrem, apontando para a nossa própria finitude e para o que fazemos com a vida que temos.

A separação entre corpo e mente, herdeira do *cogito* cartesiano, é uma ficção reguladora, tomando o termo usado por Nietzsche para pensar a díade sujeito/objeto. Sustentar tal divisão, como aponta Figari (2017, p. 3, tradução nossa), "é descorporificar o sujeito e reificar duas naturezas diferentes (do objeto e da ciência)". Nessa lógica, sujeito e objeto, são elementos que orbitam em um sistema de significantes que organiza e fixa respectivas posições nos campos de investigação. Na tentativa impossível de negar a subjetividade, o sujeito cartesiano, da ficção do "penso logo sou", se crê desencarnado, imaginando-se capaz de produzir um pensamento totalmente abstrato e universal, logo morto e mortificante. Ao negar sua parcialidade, o sujeito se oferece como objeto do conhecimento "que nada vê", constituindo, a partir de uma posição alienada, o seu objeto de investigação.

Por outro lado, no conhecimento situado "a relação de investigação sempre vai ser corpo a corpo, não importando que corpo, isto é, como um lugar e não uma essência, como o caráter situado de um olhar" (Figari, 2017, p. 4, tradução nossa). Corpos humanos são marcados por significantes, memórias, histórias, desejos e fantasias, o que faz com que sejam muito mais do que uma máquina ou um organismo puramente biológico. Portanto, cada corpo humano que se lança em um trabalho de pesquisa não o faz sem ter as suas razões — ainda que as desconheça — e nem sem as consequências. Os corpos pesquisantes são, ao mesmo tempo, penetrados e penetrantes dos temas que lhes causam o desejo de saber.

Segundo Figari, é a partir da perspectiva situada, que leva em consideração os limites e as potências da subjetividade de quem pesquisa, que uma racionalidade posicionada pode emergir. Entretanto, é "claro que tal operação não é tão cristalina. Por acaso posso conhecer de forma consciente minhas motivações para a escolha de determinado tema ou questão?" (Figari, 2017, p. 5, tradução nossa). Arrisco responder que não totalmente. E é nessa direção que posso dizer que, para além do consciente, o inconsciente também se expressa em nossas pesquisas.

Na história da civilização patriarcal, em diversos momentos, e, por diferentes motivos, é considerado tabu falar do sexo feminino. Na atualidade, mesmo com todas as transformações sociais que acompanhamos todos os dias nas normas e nos costumes, o tabu do sexo feminino persiste. Falar do sexo feminino não está na moda. Para alguns, falar sobre o sexo feminino, hoje, seria reforçar o binarismo sexual, os estereótipos de gênero, a heterocisnormatividade etc. Acredito realmente que não se trata disso. Falar sobre o sexo feminino, hoje, a partir da perspectiva de autoras mulheres, é seguir resistindo ao machismo e ao androcentrismo que caracterizam o pensamento ocidental moderno. É marcar uma diferença significante; posição ética que sustenta a importância de valorizar os legados de autoras significativas e esquecidas na história do movimento psicanalítico e, ainda, reconhecer as possibilidades de existências que se constituem na diferença sexual, a partir da perspectiva da genealogia feminina que pulsa viva no ventre da Psicanálise.

A escrita feminina possibilita a expressão do feminino na linguagem, por meio da transformação de nossa relação com a dimensão simbólica. Ao incluir os corpos, os afetos, as sensações e ao permitir que os fluxos entre as emoções e os pensamentos aconteçam de maneira livre e dinâmica, são manifestados diferentes estilos literários em textos fluidos e heterogêneos, com modos singulares de usar as palavras e as letras, em uma escrita que convoca a nossa dimensão pulsional e espiritual, ativando a potência transformadora dos seres humanos. "É preciso que a mulher se coloque no texto — como no mundo, e na história — por seu próprio movimento" (Cixous, 2022, p. 41).

No primeiro capítulo, apresento a base do pensamento freudiano sobre a diferença sexual na constituição da sexualidade, do inconsciente e da cultura, abordando principalmente as ideias desenvolvidas a respeito da sexualidade feminina, da feminilidade e do feminino pelo "pai da Psicanálise", e o lugar conferido a maternidade em uma abordagem que já aponta para as suas consequências e relações com o movimento feminista.

No segundo capítulo, convoco a teoria de Karen Horney, baseada em sua ampla experiência clínica, para dar luz à sua Psicologia feminina. Nela, essa pioneira da Psicanálise se separa da ortodoxia psicanalítica e se autoriza a criar a sua teoria singular, pensando em intensa conexão com outros campos do saber, como a Sociologia e a Antropologia, ao estabelecer as bases para o exercício do pensamento crítico e feminista dentro do campo psicanalítico.

No terceiro capítulo, transmito algumas das fundamentais ideias da psicanalista e feminista Luce Irigaray, que, ao se servir do legado de Horney, questiona profundamente o falogocentrismo psicanalítico e cria abordagens ovulares sobre o sexo feminino e as relações com a mãe, nas subjetividades e nas culturas; ao propor as transformações das linguagens e de suas expressões em formas estéticas e políticas, múltiplas e criativas.

FREUD: FILHO DA MÃE

Talvez poucas questões tenham sido tão difíceis e importantes para o criador da Psicanálise quanto a da mãe. Freud sabia o lugar fundamental que ela ocupava na criação e sustentação da subjetividade humana, mas reconhecia, mais ainda, a sua impossibilidade de representá-la em sua especificidade sexual e simbólica. Ele desenvolveu um método singular para abordar o inconsciente e suas representações a partir de uma vasta e rica herança cultural, notadamente masculina e patriarcal.

Em muitos sentidos, Freud segue sendo um mestre, um sábio erudito que, por meio de sua obra, nos ensina constantemente sobre as potências da vulnerabilidade humana, ao ser capaz de admitir os seus próprios limites, apesar de não caber aqui a muito usada justificativa de que a sua visão patriarcal sobre a cultura e a subjetividade se dava pelo simples fato de ele ser um homem de seu tempo. Outros homens de seu tempo pensavam de maneira bastante diversa de Freud, mas esse é um tema para outro trabalho.

Conheci Freud por meio da biblioteca do meu pai. Na verdade, o meu primeiro encontro com ele foi um resto do meu pai: uma herança esquecida. A sua coleção freudiana fazia parte dos livros que ele abandonou, na biblioteca da nossa antiga casa, quando se separou de minha mãe. Eu recém tinha ingressado na faculdade de Psicologia e me deparei com o fato de que tinha em casa as obras para começar a estudar esse famoso autor. Faltavam alguns volumes na coleção, é claro, pois a falta também era presente. Eu ainda não sabia que iria me encantar pela obra desse senhor europeu, verdadeiro encantador de serpentes, e viraria uma estudante de Psicologia fascinada em descobrir o inconsciente por meio dos estudos de Psicanálise e, depois, através de minha própria análise pessoal.

Aproximar-me de Freud era também uma forma de estar mais próxima do meu amado pai, agora mais ausente do que nunca. Antes do meu pai morrer, no começo do ano de 2023, falei para ele que iria honrar o que ele transmitiu. Considero que falar sobre a obra freudiana neste momento de minha vida é também honrar a vida do meu inesquecível pai. Falar sobre a mãe no pensamento de Freud é, ainda mais, buscar dizer sobre algo que o meu pai, assim como Freud e tantos outros sujeitos, não foi capaz de apreender. Nesse sentido, apesar da promessa de honrar a herança paterna, também exercerei meu espírito criativo, crítico e questionador, buscando ir além do pai em mim.

Aquele que viria se tornar um exímio arqueólogo da mente, perito em decifrar enigmas, fora um ser humano de personalidade multifacetada. Sigmund Freud foi o filho primogênito de uma mulher que se dedicou de modo exclusivo a exercer o papel da maternidade, em uma família judaica governada pelo poder patriarcal. Amalia, dona de um temperamento forte e de grande beleza, teve oito filhos (cinco do sexo feminino e três do sexo masculino), mas considerava o seu primeiro filho, o seu "Sigi de ouro", o seu favorito, crente de que um dia ele se tornaria um grande homem.

Certa vez, em uma confeitaria, uma vidente previu que ele seria um gênio. A mãe vislumbrou, portanto, neste encontro com o acaso "a confirmação de seu desejo" (Roudinesco, 2016, p. 18). Amalia obteve sucesso em influenciar o marido, Jacob, que incentivou o jovem Sigmund a se dedicar intensamente aos estudos. Amalia era uma mulher jovem que se casara com um homem muito mais velho do que ela; um comerciante de lã de quem ela era a segunda esposa.

Como aponta Roudinesco, Freud via em sua mãe uma mulher atraente e sexualmente desejável, o que lhe causava extrema angústia. Durante uma viagem de trem, extasiou-se frente a sua nudez e, mais tarde, teve um sonho em que "a via adormecida e carregada até sua cama por personagens com bicos de pássaro que lhe evocavam as divindades egípcias reproduzidas na Bíblia do pai" (Roudinesco, 2016, p. 20). Sua babá, uma senhora católica que cumpria a função de mãe substituta, também teve um papel marcante no despertar da sexualidade de Sigmund. "Ela foi minha professora da sexualidade. Ela me dava banho com uma água avermelhada na qual ela mesmo se lavara antes" (Freud *apud* Roudinesco, 2016, p. 20).

É curioso que Freud nunca tenha explorado "plenamente o significado de seus laços apaixonados e inconscientes com essa imponente figura materna... parece muito provável que parte dessa obscuridade tivesse uma origem auto protetora" (Gay, 2012, p. 32). Entretanto, é notável que a sexualidade feminina, no pensamento de Freud, permanece atrelada à figura da mãe. Ao ter visto a própria mãe frequentemente grávida e exercendo a função materna, talvez o criador da Psicanálise não tenha conseguido ultrapassar, em sua teoria, a sua própria fantasia.

Contemporâneo das transformações sociais que evocavam outros lugares para as expressões diversas do feminino (a notar o movimento das mulheres sufragistas que buscavam representatividade política, entre outros direitos sociais), por um lado, Freud soube escutar os desejos de suas pacientes e colaboradoras, mas, por outro, permaneceu ignorante perante as potencialidades múltiplas do sexo feminino.

1.1 ONDE ESTÁ A MÃE NAS ORIGENS DA CULTURA?

No paradigmático texto de *Totem e Tabu*, Freud realiza um paralelo entre elementos fundamentais das culturas de povos tribais originários e as características da vida psíquica dos sujeitos neuróticos. Tal texto nos interessa particularmente pois demonstra que, desde o começo da Psicanálise, não existe uma cisão entre a vida psíquica e a cultura. Podemos refletir que subjetividade e história estão criativamente entrelaçadas.

Para Freud, o tabu (tanto na cultura quanto na neurose) está geralmente associado a alguma proibição (ou a um sistema de proibições), que, por sua vez, vincula-se a intensos desejos inconscientes, permeados por afetos ambivalentes. "O tabu é uma proibição antiquíssima, imposta do exterior (por uma autoridade) e voltada contra os mais fortes desejos do ser humano" (Freud, 2012, p. 42).

Nas tribos ancestrais mencionadas por Freud (nas regiões da Austrália, América e África), o tabu aparece geralmente associado ao totem. O totem é um símbolo que marca e delimita determinada tribo em suas especificidades e diferenças em relação a outras tribos. É habitual que algum animal (importante para o coletivo) seja escolhido como símbolo totêmico, por exemplo, uma águia ou um leão. E, assim, todos os que nascem na tribo Leão serão reconhecidos como similares entre si e distintos dos que nascem na tribo Águia, e assim por diante. Nesse contexto totêmico, surge então o tabu do incesto (com a proibição de manter relações sexuais com as mulheres do mesmo clã), estabelecendo a lei da exogamia.

"Tabu" é uma palavra de origem polinésia e que pode ganhar sentidos variados e opostos, dependendo do contexto em que for empregada. Pode significar algo "santo, consagrado" e também "inquietante, perigoso, proibido, impuro". O contrário de tabu, na língua polinésia, é *noa*, que quer dizer algo corriqueiro, acessível e comum. Logo, a expressão "temor sagrado" corresponde ao sentido mais geral e amplo empregado à palavra tabu (Freud, 2012, p. 26).

O tabu do sexo feminino aparece vinculado aos estágios orgânicos da menstruação, da gravidez, do parto, do aleitamento, nos entrelaçamentos viscerais que aproximam os ciclos da vida e da morte, entre os órgãos pulsantes e o sangue que flui para fora dos limites do corpo. Em diversas tribos originárias, o tabu está relacionado ao poder do mana, que é a energia vital que circula nos seres vivos e faz a junção entre o material e o imaterial, entre o terreno e o divino. Quanto mais mana uma pessoa tiver, ou seja, quanto mais poderosa ela for, mais ela será considerada um tabu. Há um "temor de contato" com o que é tabu, ora sagrado, ora impuro. Ao citar Wundt, Freud introduz que, em um estágio posterior, a divisão entre o sagrado e o impuro ramificam-se nos sentimentos de veneração e de horror. [5]

> Lá onde o primitivo estabeleceu um tabu, é onde ele teme um perigo, e não se pode negar que em todas essas regras de evitação está expresso um horror fundamental à mulher. Talvez esse horror esteja justificado pelo fato de a mulher ser diferente do homem, eternamente incompreensível e misteriosa, estranha, e por isso parecer hostil. O homem teme ser enfraquecido pela mulher, ser contaminado por sua feminilidade e então mostrar-se incapaz. O efeito relaxante, diluidor das tensões relacionadas ao coito pode ser o modelo para esse temor, e a percepção da influência que a mulher ganha sobre o homem através da relação sexual, a consideração a que ela obriga por isso, justificam a ampliação desse medo [*Angst*] (Freud, 2018, p. 122).

Sendo assim, o tabu do sexo feminino, vinculado ao horror fundamental à mulher, estaria ligado às origens das formações culturais. A angústia, nesse caso, estaria vinculada ao medo de ser enfraquecido pela mulher, de se contaminar por sua vulnerabilidade e instabilidade orgânica e psicológica. Por outro lado, na própria concepção do tabu há o reconhecimento de seu caráter sagrado, que vai além do limitado controle humano e de seu restrito poder.

---

[5] FREUD, Sigmund. **Totem e tabu**: Contribuição à história do movimento psicanalítico e outros textos. São Paulo: Companhia das letras, 2012. p. 33.

Para pensar o surgimento do totemismo, Freud recorre ao estudo de diversas obras sobre o tema. Observando as contribuições de W.H.R. Rivers realizadas com os nativos das ilhas Banks, entra em contato com uma hipótese que interessa especialmente ao nosso percurso. A seguir:

> A derradeira fonte do totemismo seria, então, a incerteza dos selvagens quanto ao processo pelo qual homens e animais se reproduzem. Em especial, a ignorância do papel dos machos na fecundação. Tal ignorância deve ser favorecida pelo longo intervalo entre o ato da fecundação e o nascimento da criança (ou a sensação dos primeiros movimentos da criança). Por isso o totemismo é uma criação do espírito feminino, não do masculino. Suas raízes estão nos caprichos (sick fantasies [fantasias doentes]) da mulher grávida '*De fato, tudo que impressionou a mulher naquele misterioso momento de sua vida, quando ela primeiramente se deu conta de ser uma mãe, pode ser facilmente identificado por ela com a criança que tem no ventre. Tais fantasias maternas, tão naturais e, ao que tudo indica, tão universais, parecem ser a raiz do totemismo*' (Freud, 2012, p. 119).

Tal hipótese de Rivers — apesar de denunciar sua visão sexista a respeito da fertilidade do sexo feminino, utilizando-se do termo "fantasias doentes da gravidez" — introduz a concepção de que a origem do totemismo, ou seja, a origem das produções simbólicas dos seres humanos, nas tribos ancestrais, se deve a criação do espírito feminino. Logo, é a incerteza a respeito da participação do sexo masculino no processo de reprodução que convoca a produção de símbolos que marquem a sua participação ativa no processo de transmissão geracional.

Não é de se admirar que Freud não se aprofunde em tal ideia (tão subversiva à dominação simbólica patriarcal), mencionando-a superficialmente ao longo de um parágrafo de seu longo texto, e que seus seguidores (inclusive, os contemporâneos) irão se dedicar com mais afinco a desenvolver a hipótese (que Freud chamou de "histórica") de Charles Darwin[6] sobre a origem do totemismo e da cultura.

---

[6] No livro *Inferior é o Car*lho*, Angela Saini (2018) nos conta que Caroline Kennard, ativista de destaque no movimento feminista de Massachussetts, no ano de 1881, enviou uma carta para Charles Darwin. Na época, as teorias científicas que justificavam a dominação do sexo masculino se multiplicavam. Escreveu ela: "Se houve um equívoco, o grande peso de sua opinião e autoridade deveria ser reparado" (Kennard *apud* Saini, 2018, p. 38). Ao que Darwin responde: "A questão que a senhora se refere é muito difícil". "Certamente acredito que as mulheres, conquanto em geral, superiores aos homens em qualidades morais, são inferiores em termos intelectuais", e continua "e parece-me muito difícil, a partir das leis da hereditariedade (se eu as

Para Darwin, assim como no caso de outros primatas, os seres humanos primordiais viviam em pequenas hordas lideradas pelo macho dominante de cada bando. Os machos dominantes possuíam sexualmente as fêmeas da horda primitiva e não permitiam que os outros machos se apossassem delas. A disputa pelo domínio sexual das fêmeas fazia com que os machos mais fracos fossem expulsos do bando e que os mais fortes se tornassem os líderes.

Para compor o seu próprio mito sobre a origem da cultura, o pai da Psicanálise vai se servir também do pensamento de W. Robertson Smith, físico, filólogo e estudioso da Bíblia e a da Antiguidade. Smith se dedicou a estudar o sacrifício, que, desde os primórdios, antes do descobrimento do fogo e da invenção da agricultura, fez-se presente nas religiões totêmicas.

Inicialmente, animais eram escolhidos e oferecidos como oferendas aos deuses, e sua carne e seu sangue eram consumidos como forma de adoração. Geralmente, o animal sacrificado pelo clã era o próprio animal totêmico. Com o tempo, o sangue se transformou em vinho e o corpo em pão. O ritual do sacrifício era uma cerimônia pública atrelada à força ética de compartilhar o alimento. "Comer e beber com alguém era, ao mesmo tempo, um símbolo e um robustecimento do vínculo social e da adoção de obrigações recíprocas" (Freud, 2012, p. 134).

Logo, para pensar o início da civilização, Freud une a perspectiva darwinista sobre os bandos liderados pelos machos dominantes aos estudos de Smith sobre os ritos sacrificiais, produzindo o seu mito inaugural sobre a refeição totêmica: os irmãos excluídos do bando se unem e juntos matam o macho dominante, em seguida se alimentam de sua carne e de seu sangue, incorporando a sua força e virilidade. Por meio do sacrifício do pai da horda primitiva, os irmãos se identificam entre si enquanto uma comunidade.

---

compreendo de forma correta), que elas se tornem intelectualmente iguais ao homem" (Darwin *apud* Saini, 2018, p. 39). Na obra *A Descendência do Homem*, Darwin argumenta que os indivíduos do sexo masculino obtiveram vantagens sobre os do sexo feminino, ao longo de milhares de anos de evolução, em razão da pressão a qual foram submetidos para a conquista de parceiras sexuais. No processo reprodutivo, as fêmeas poderiam se reproduzir, ainda que não contassem com muitos atrativos competitivos, pois, por razões evolutivas da espécie, são elas as que escolhem o parceiro. Muito diferente do que ocorre com os machos, que lutam entre si, muitas vezes até a morte, para serem os escolhidos. Sendo assim, dentro do pensamento darwinista, a competição os aperfeiçoou. "A principal distinção na capacidade intelectual dos dois sexos é demonstrada pelo maior destaque que o homem alcança, em qualquer atividade em que se dedique, com relação ao que a mulher consegue alcançar — quer isso exija profundidade de pensamento, raciocínio ou imaginação, ou tão somente o uso dos sentidos das mãos" (Darwin *apud* Saini, 2018, p. 40).

Após o ato de devoramento do pai, e de identificação com os atributos deste, os filhos, tomados pelos sentimentos ambivalentes de ódio, mas também de amor e de admiração, acendem a consciência moral e a culpa e estabelecem o totem (que simboliza o pai morto) e os tabus característicos das organizações sociais primordiais: o tabu do incesto e o tabu do parricídio. Não terás relações sexuais com as mulheres da tua família e não matarás o teu pai. De tais proibições fundamentais irão decorrer todas as outras, e delas serão estendidas as ordens de não ter relações sexuais entre parentes próximos e não matar pessoas da mesma família ou do mesmo grupo social.

Não por acaso, Freud aponta que os tabus primordiais são os desejos recalcados nos neuróticos e realizados por Édipo em sua tragédia. Com a criação da agricultura e o aumento da importância do filho na sociedade patriarcal, surgem mitos coletivos que permitem a realização imaginária de desejos incestuosos. "Ele se permite novas manifestações de sua libido incestuosa, que encontra satisfação simbólica no cultivo da Mãe Terra" (Freud, 2012, p. 150). Deuses masculinos gozam dos favores sexuais de divindades maternas, ultrapassando a autoridade do pai. Contudo, a consciência de culpa faz com que existam castigos severos nos casos de incesto, seja pela castração ou pela fúria impiedosa do pai. Adônis foi morto pelo javali, o animal sagrado de Afrodite; Átis, o amado de Cibele, morre devido à castração (Freud, 2012, p. 150).

> Concluindo esta pesquisa extremamente abreviada, seu resultado seria que no complexo de Édipo reúnem-se os começos da religião, moralidade, sociedade e arte, em plena concordância com a verificação psicanalítica de que esse complexo forma o núcleo de todas as neuroses, até onde elas foram acessíveis ao nosso entendimento. Surge-me como uma surpresa que também esses problemas da vida psíquica dos povos permitam uma solução a partir de um único ponto concreto, que é a relação com o pai (Freud, [1912-1913] 2012, p. 152).

Ao localizar o pai[7] no centro da gênese cultural, Freud parece não se questionar mais profundamente sobre o lugar atribuído às mulheres e à mãe nesse contexto. Se os machos excluídos matam o macho dominante,

---

[7] Como aponta Pedro Ambra, no texto *Aquém do pai? Sexuação, socialização e fraternidade em Freud*, "o pai, bem entendido, não tomado como aquele que concretamente gera e cuida dos filhos, mas, sobretudo, um representante psíquico em certa medida primordial e incontornável a estruturação do sujeito enquanto tal" (Ambra, 2020, p. 22).

o pai da horda primitiva, qual o papel das fêmeas para além de meros objetos sexuais dos machos? A partir da hipótese de Rivers, o espírito criativo das fêmeas seria justamente o catalizador das produções simbólicas e culturais. Dotadas do poder de gerar vidas em seus corpos, e perante a incerteza sobre a participação dos machos na reprodução da espécie, teriam sido elas, as fêmeas, que criaram os símbolos capazes de marcar o lugar do pai na cultura. A subversão da proposta introduzida por Rivers é interessante e não nos impressiona o fato de não ter sido mais bem explorada ao longo do tempo. Na hipótese de Rivers, de objetos sexuais, as fêmeas são elevadas à dignidade de criadoras de culturas. Apesar de não se aprofundar nessa ideia, Freud não deixa de mencioná-la.

No entanto, para ele, na religião do totemismo, o totem representa o pai e vincula-se aos tabus do incesto e do parricídio. Nesse contexto, as fêmeas do mesmo clã não podem ser possuídas sexualmente, fato que transforma os seus sexos em verdadeiros tabus dentro da organização social. Para Freud, mesmo sem formular explicitamente, as fêmeas são a causa da vida cultural; dimensão simbólica criada pelo desejo e pela realização da comunidade dos homens. O sexo feminino, que é também o sexo daquela que dá a vida, torna-se um tabu nas alcovas da organização social patriarcal. É preciso buscar o sexo feminino alhures, em terras estrangeiras; estranho a ordem social, o gozo feminino não pode ser vivenciado como algo próximo e familiar.

1.2 A MATERNIDADE COMO DESTINO FEMININO

A mãe é um elemento central na obra freudiana. Primeiro objeto de amor: é a relação que se dá com a mãe, nos primórdios da vida, que será o protótipo de todas os outros relacionamentos amorosos do ser humano.

> No homem, a mãe se torna o primeiro objeto de amor, em consequência da influência do fornecimento de alimento e do cuidado corporal, e ela assim permanece até que seja substituída por um objeto a ela essencialmente análogo ou que dela derive. Também para a mulher, a mãe precisa ser o primeiro objeto (Freud, 2018, p. 222).

Ela é a primeira sedutora que manipula o corpo da criança, marcando com os seus toques e cuidados os trajetos libidinais. Também, é a mãe que introduz a censura e a proibição na relação com o próprio corpo, dizendo o que se pode e o que não se pode fazer com ele. Sendo assim, podemos pensar que a relação com a mãe (e com quem cumpre a sua função) funda a relação dos seres humanos com os corpos e estaria ligada a uma arqueologia do erótico e do sensível, instância ao mesmo tempo pessoal e coletiva, singular e política.

Antes de nascer, o feto humano se alimenta do corpo da mãe, sua primeira morada. Depois do nascimento, o seio da mãe é esculpido pela natureza como fonte de sua nutrição primordial. Em muitos casos, como sabemos, a natureza não será o seu destino. Entretanto, no ser humano, a necessidade do alimento passa pela linguagem, tornando-se demanda de amor e desejo de ser amado. A criança (que inclusive pode não se alimentar do seio biológico da mãe) deseja muito mais do que o leite materno: ela deseja ser nutrida pelos seus toques, deseja se alimentar de sua conexão, esquentar-se no seu calor, aconchegar-se em sua presença, arrotando os ecos de seus sons. A partir da psicanálise freudiana, o seio materno torna-se o símbolo mítico da primeira experiência de satisfação, jamais recuperada e para sempre perdida.

Em algum momento do desenvolvimento psíquico, a criança se dá conta de que a mãe existe para além dela e, logo, ela não faz mais uma unidade indivisível com a mãe. Elas não se completam, apesar da ligação visceral que as uniu durante a gestação. Ao notar que a mãe não é toda sua, a criança conhecerá a falta; logo, a rivalidade e o ciúme, o que evidentemente trará consequências psíquicas. Nesse contexto, de (des) entrelaçamento com a mãe, a criança percebe a sua própria existência e constrói o seu desejo no mundo.

Nos sujeitos neuróticos, as condições para o amor estarão relacionadas *a constelação materna* (termo introduzido por Freud) no texto *Contribuições à Psicologia do amor*, estabelecendo assim os modos característicos de se vincular aos objetos amorosos, em laços libidinais que refletem as tendências inconscientes vivenciadas na trama edípica, onde o bebê rivalizava com o pai pelo amor da mãe.

> Com a mesma facilidade acrescenta-se à trama infantil o traço supervalorizador de que a amada é única e insubstituível, pois ninguém tem mais do que uma mãe, e a relação com ela fundamenta-se em um acontecimento que não pode ser exposto a qualquer dúvida nem pode ser repetido (Freud, 2018, p. 92).

Assim, ao longo da vida, os objetos amorosos tornam-se substituíveis, pois a mãe é única e insubstituível, e nenhuma outra mulher se igualará a ela em termos de satisfação. A divisão — no que tange a expressão da libido — entre a via tenra e a via sensual, separação marcadamente neurótica, demonstra duas maneiras diferentes de abordar o complexo materno em relação a economia pulsional. Assim, a mãe idealizada, a mãe santa e pura, é dedicada a via tenra; a mãe carnal, aquela que goza da sua sexualidade, a puta, é dedicada a via sensual. O tabu sobre a satisfação do sexo feminino, logo, sobre a sexualidade da mãe, constitui a divisão das vias de expressão da pulsão. Nesse sentido, quanto mais neurótico o sujeito for, mais separadas estarão as esferas do amor e da satisfação sexual. Desde as culturas patriarcais tribais, não é apenas o sexo feminino que é considerado tabu, mas, sim, as especificidades de sua função sexual, a saber, a menstruação, a gravidez, o puerpério etc. Não é à toa que Freud introduz com certa cautela que "a mulher (*weib*) inteira constitui tabu" (Freud, 2018, p. 120).

Em seu ensino, Freud argumenta que "a vida sexual da mulher adulta é um *dark continent* [continente obscuro] para a Psicologia" (Freud, 2016, p. 174, acréscimo nosso). O psicanalista aponta para sua extrema alteridade, a sua radical estranheza em relação ao referencial masculino predominante em seu sistema de pensamento. Segundo ele, o sujeito que se submete ao processo de análise encontra, em seu final, o rochedo da castração. Freud chama de horror à feminilidade o próprio limite do trabalho de elaboração, no qual um homem não suporta assumir a posição de passividade perante outro homem, e uma mulher não pode superar a inveja do pênis.

De fato, o complexo de castração e a inveja do pênis são ideias centrais que irão penetrar nos raciocínios freudianos sobre a sexualidade feminina. Para Freud, a inveja do pênis é o ponto incontornável de uma análise e de uma vida marcada pelas insígnias insuficientes do sexo feminino, e o fato de ter nascido privada do sexo masculino fará com que uma mulher inveje e deseje o que ela não tem: o falo, instrumento imaginário e simbólico que o outro sexo supostamente teria e, logo, poderia de alguma forma lhe dar.

Na melhor das hipóteses, ela partirá em buscas de realizações viris que compensem o triste fato de ter nascido castrada. Nesse sentido, a maternidade é a realização viril que mais corresponde aos anseios inconscientes da posição feminina. Ter um filho, especialmente se este for um macho, irá gratificar uma mulher de forma inigualável.

Na teoria freudiana, a sexualidade feminina diz respeito àquelas que nascem marcadas pelo sexo feminino. Ao nascer com o aparato sexual feminino, pode-se seguir diferentes caminhos dentro do complexo campo da sexualidade humana. Em sua perspectiva, o sexo feminino, por ser em sua grande parte interno, não é percebido visualmente pela criança na anatomia corporal. Sendo assim, é concebido como uma ausência, uma falta no nível da representação da diferença sexual, o que faz com que a genitália feminina não seja descoberta pela criança (Freud, 2018, p. 186).

É a partir da percepção que existem pessoas do sexo masculino, visualmente aparente, que a menina será tomada pela inveja do pênis, pelo sentimento de inferioridade em relação ao próprio sexo, o que será uma ferida narcísica incurável em sua subjetividade.

É nesse contexto que o pênis, o órgão do sexo masculino, se transforma no falo, o símbolo viril; pois, desprovida de pênis, a menina passará a desejar intensamente um bebê: "desliza — poderíamos dizer, ao longo de uma equação simbólica — do pênis para o bebê; seu complexo de Édipo culmina no desejo, mantido por muito tempo, de receber um filho do pai como presente, de lhe dar um filho" (Freud, 2018, p. 194). Assim, "a mãe se torna objeto de ciúme, e a menina se transforma em uma pequena mulher" (Freud, 2018, p. 206).

Ao perceber a sua inferioridade anatômica em relação ao sexo masculino, a menina terá que responder de diferentes formas. É aí que entram os três diferentes caminhos possíveis para o desenvolvimento da sexualidade feminina, propostos por Freud.

O primeiro é a escolha pela neurose. Tomada pela inveja do pênis, a menina irá reprimir as expressões da sua sexualidade, o que produzirá sintomas. Conversões, paralisias, cegueiras, dores múltiplas, migratórias e infindáveis, úteros que caminham pelos corpos aflitos, olhos que não podem enxergar as entranhas do sexo, olfatos que não podem sentir os aromas dos buracos negros, paixões engolidas e vomitadas em toda sorte de transtornos alimentares, fantasias sexuais encenadas em teatros públicos e particulares, corpos transformados em cenas políticas e nos corredores das casas, das ruas, das clínicas e dos hospitais. Ruminações mentais, pensamentos compulsivos, sexuais e mortíferos, sem conseguir dormir pela culpa por sentir, pela culpa por não sentir, pela culpa por querer gozar, pela culpa por não poder gozar, seres martirizados por serem feitos da mesma matéria que pulsa sem pudor na seiva das plantas, no sangue dos animais e nos sonhos mais lúcidos dos anjos caídos.

O segundo é a escolha pelo complexo de masculinidade, onde a menina se obstina a ter o falo, ao se assemelhar e reproduzir as características do sexo oposto, não aceitando, assim, a sua condição de castrada. Essa segunda escolha pode levar a homossexualidade feminina. Querer o poder é querer ser um homem. Querer mandar é querer ser um homem. Querer ser livre é querer ser homem. Querer ganhar muito dinheiro é querer ser um homem, explorador. Querer viajar o mundo sozinha é querer ser um homem, aventureiro. Querer fazer sexo quanto tiver vontade é querer ser um homem. Querer ser solteira é querer ser um homem. Querer não ter filhos é querer ser um homem. Querer escrever livros é querer ser um homem. Querer ser a presidente do país é querer ser um homem. Querer ser política é querer ser um homem. Querer ser independente é querer ser um homem. Querer se realizar na sociedade é querer ser um homem. Querer ganhar é querer ser homem. Poder escolher é querer ser homem. Poder é homem.

O terceiro é a escolha que leva à feminilidade. Nela, a menina aceita a sua condição de castrada e deseja intensamente ter um filho, tornando-se mãe. Filho que representará para ela o falo tão desejado, consolando-a parcialmente em sua inveja de pênis. É interessante que Freud pontua que apenas um filho homem dará para uma mulher o que ela procura, o que lhe falta, o falo, e que a relação entre uma mãe e o seu filho será a mais perfeita das relações humanas. Sendo assim, Freud equivale a expressão máxima da feminilidade à maternidade. Chá de revelação. O balão explode e os papeizinhos rosa flutuam pelo ar. Todos pulam felizes e também angustiados! Um universo cor de rosa está aberto: pompons, panelinhas, bonecas, vestidos, mais algumas bonequinhas. Como ela é meiga! Como ela é linda! A nossa amada princesinha! Mais panelas e mais papinhas. De aniversário, mais uma bonequinha. Ela precisa ter bonequinhas de todos os tipos, de todos os tamanhos e de todas as cores e formas. A menina precisa aprender a cuidar dos outros, independentemente de quem eles sejam. Cuida, cuida, cuida. Limpa, limpa, limpa. Cozinha mais um pouquinho. Dá "papá" para a bonequinha. Como é linda a princesinha! Com quem será que ela irá se casar?[8]

---

[8] O que está em jogo não é apenas o papel da fêmea humana na reprodução, mas a função materna que deve ser exercida por ela e a educação que deve lhe preparar para o exercício de tal função social. Ser mãe biológica não garante que ninguém exerça a função social da maternidade. Os estereótipos sociais, ligados ao gênero, visam garantir que os comportamentos sociais esperados de determinado sexo aconteçam.

O desenrolar dos caminhos da sexualidade feminina é complexo e a sua entrada no complexo de Édipo se dá via complexo de castração. "A mulher reconhece o fato de sua castração e, com isso, também a superioridade do homem e sua própria inferioridade, mas também se revolta contra essa situação desagradável" (Freud, 2018, p. 206). Como vimos, a menina nasce castrada e é ao se deparar com a diferença sexual anatômica que é tomada pela inveja do pênis. Ela ama a mãe por ela ser o seu primeiro objeto de amor, mas também é tomada por ódio por ela não ter lhe dado o órgão fálico, o único desejável. Para Freud: "O afastamento em relação à mãe é um passo altamente importante no desenvolvimento da menina" (Freud, 2018, p. 234).

A menina, que vive sua sexualidade infantil de forma fálica por meio de seu clitóris (entendido por Freud como um pequeno pênis) irá se distanciar da mãe — e de sua posição sexual masculina — para ir em busca do que ela não tem, mas deseja. "Ela o viu, sabe que não o tem e quer tê-lo" (Freud, 2018, p. 202). É em direção ao pai que ela se movimenta e com isso realiza a sua entrada no complexo de Édipo e na posição sexual marcadamente feminina.

Desse modo, é via complexo de castração que a menina entra no complexo de Édipo, ao contrário do que acontece no caso dos meninos. Esse caminho é bastante tortuoso, pois a menina não deixa de amar a mãe como primeiro objeto de amor, mas também passa a odiá-la e a rivalizar com ela pelo amor do pai; o que caracteriza a ambivalência afetiva. Nesse percurso afetivo e libidinal, da mãe para o pai, a menina irá também realizar uma mudança de zona erógena, do clitóris para a vagina. Desse modo: "A vagina agora é considerada o albergue do pênis; ela assume a herança do ventre materno [*Mutterleibes*]" (Freud, 2018, p. 186).

Muitas turbulências podem ocorrer ao longo dessa jornada e Freud nomeia de catástrofe a experiência de uma mulher que permanece aprisionada nos afetos intensos e ambivalentes — de amor e ódio — presentes na relação com a sua mãe. "O caminho para o desenvolvimento da feminilidade está agora livre para a menina, desde que não seja limitado pelos restos da superada ligação pré-edípica à mãe" (Freud, 2018, p. 234). Segundo Freud, o afastamento da mãe é necessário para que a menina possa se constituir em sua feminilidade, buscando no pai (e no universo masculino) o que a mãe não pode lhe dar; ao afastar-se da própria mãe, a menina poderá tornar-se mãe ela mesma.

A insuficiência presente na relação com a mãe é pontuada de diversas formas pelo pai da Psicanálise. A criança reclama de quase tudo, por não ter sido exclusivamente amada, por não ter sido bem amamentada ou suprida emocionalmente em suas infinitas demandas. "Parece muito mais que a avidez da criança pelo primeiro alimento é absolutamente insaciável, a ponto de a criança nunca conseguir superar a perda do seio materno" (Freud, 2018, p. 252). Logo, a castração materna, sua incompletude física, imaginária e simbólica, é intolerável para a criança e torna-se fonte do sentimento de ódio manifesto na hostilidade.

> Seu amor relacionava-se à mãe fálica; com a descoberta de que a mãe é castrada, torna-se possível abandoná-la como objeto, de maneira que passam a prevalecer os motivos de hostilidade, que há muito vinham se acumulando. Isso significa, portanto, que através da descoberta da falta de pênis a mulher é tão desvalorizada pela menina quanto pelo menino, e mais tarde talvez também pelo homem (Freud, 2018, p. 256).

Desse modo, o pai é buscado, pela menina, como um refúgio à castração (materna e a própria), proteção e amparo dos quais ela não desejará se livrar. Em grande parte dos casos, indica, a mulher permanecerá dependente do pai (material e/ou emocionalmente) ou de um substituto masculino: irmão, parente, mestre ou marido. É esse movimento em direção ao amparo simbólico e imaginário no campo do masculino — para se defender de seu desamparo feminino — que irá constituir a posição feminina notadamente freudiana. Nesse sentido, as questões do amor passam a ser fundamentais para a menina e futura mulher, e a necessidade de ser amada pode ser alçada a uma dimensão ilimitada.

Para a menina, a castração seria um fato consumado, diferente do caso dos meninos, para quem esta seria uma ameaça. Por nascerem privadas do pênis, ou seja, castradas a priori, elas não teriam razões aparentes para abandonar o complexo edípico. Sem angústia de castração [Kastrations- angst], desaparecia o motivo para a formação do supereu e a interrupção da organização genital infantil. Logo, para elas, a ameaça de castração estaria muito mais associada aos processos educativos e ao medo de perder o amor.

Segundo Freud, devido à complexidade dos tortuosos caminhos da sexualidade feminina, raramente as mulheres vão muito além da substituição da mãe pelo pai como objeto de amor, o que viria a constituir a posição feminina por excelência. Privada do pênis pela mãe, a menina desejará ter um filho do pai. "Ambos os desejos, de possuir um pênis e um filho, permanecem fortemente investidos no inconsciente e ajudam a preparar o seu ser feminino para seu futuro papel sexual" (Freud, 2018, p. 194). Entretanto, "não devemos ignorar que aquelas primeiras moções libidinais possuem uma intensidade própria, superior a todas as posteriores, e que de fato pode ser tida como incomensurável" (Freud, 2018, p. 236).

É a visão da genitália feminina que desperta a angústia da castração no sujeito e o sexo da mãe povoa o universo freudiano de uma forma bastante assustadora. Ele insiste em vincular o símbolo da Medusa com a imagem da vagina, interpretando-a como a representante mitológica do horror, símbolo da castração, especialmente da castração materna. É o sexo materno que parece a horrorizar. Seu maior medo seria também o seu maior desejo?

Na mitologia grega, segundo narrada pelo poeta romano Ovídio, Medusa era uma bela sacerdotisa do templo de Afrodite. Muito desejada pelos homens e pelos deuses, ela foi abusada pelo Senhor dos Mares, Poseidon, o que fez com que Atena ficasse irada e a transformasse em uma mulher assustadora, com cabelos de serpentes e feições terríveis, que fariam com que qualquer um que a mirasse virasse pedra. Um dia, Perseu, utilizando de vários truques para não ser visto e para não a ver, decapitou Medusa a pedido do rei. Seria o triunfo mitológico do macho perante o perigoso poder representado pelo sexo feminino?

Podemos elaborar que a magnitude dada ao complexo de castração e a inveja do pênis no pensamento freudiano sobre a sexualidade feminina é uma resposta defensiva dada a sua incapacidade clínica e teórica de acessar o que seria, segundo ele, a experiência mais importante para a sexualidade feminina — justamente esta que escapa a lógica fálica do inconsciente representacional.

Nesse sentido, "a frase em alemão '*Was will das Weib?*'" (Freud *apud* Tavares, 2018, p. 8), mesmo correndo o risco de certa redundância, poderia ser desdobrada, recriada e entendida assim: "o que quer o feminino na mulher?" (Tavares, 2018, p. 8). Pergunta que o criador da Psicanálise deixou em aberto; uma fenda que segue causando ressonâncias até os dias atuais.

1.3 PROBLEMATIZAÇÃO FREUDIANA DA DIFERENÇA SEXUAL

É na conferência 33 que Freud sintetiza sua teoria sobre a sexualidade feminina e sobre a feminilidade. É um texto magistral onde os conceitos de masculino e feminino são problematizados. Segundo Freud, *stricto sensu*, podemos afirmar que masculino é o produto ligado a função sexual do macho, ou seja, o espermatozoide. Feminino é o produto sexual da fêmea, o óvulo. Ambos, espermatozoide e óvulo, masculino e feminino, se unem para que a reprodução sexuada possa acontecer.

Até os dias de hoje, com o desenvolvimento da reprodução artificial, é pela união do óvulo com o espermatozoide em laboratório que uma nova vida humana pode surgir. Existem pesquisas que propõem isolar o material genético das células sexuadas, mas ainda assim, até onde a ciência esclarece, o material genético do sexo feminino (XX) comporta uma informação genética diferente da que se faz presente no material genético do sexo masculino (XY). Essa é a diferença sexual que existe em um nível biológico, cromossômico e genético na espécie humana.[9]

Com as tecnologias contemporâneas, é possível que uma pessoa que tenha nascido com o sexo cromossômico feminino tome hormônios que são geralmente mais presentes em indivíduos do sexo cromossômico masculino, o que acarreta mudanças nas suas características sexuais secundárias (aquelas que surgem a partir da pré-adolescência, como crescimento de pelos, engrossamento da voz, aumento da massa muscular etc.), e vice e versa. Os órgãos sexuais também podem ser transformados pela arte da cirurgia geral e da plástica. O que Freud frisa em seu texto de 1933, e continua sendo atual, é que o processo reprodutivo da espécie humana envolve dois produtos sexuais distintos, um chamado de masculino (o espermatozoide) e outro chamado de feminino (o óvulo). Tais produtos sexuais estão organicamente associados a um aparato reprodutor ligado ao sexo masculino e ao sexo feminino e aos hormônios geralmente mais presentes nos diferentes sexos em termos genéticos e cromossômicos.

---

[9] Como consta no material sobre Genética e Biologia molecular veiculado pela Universidade de São Paulo, os seres humanos fazem parte das espécies dioicas (do grego di = dois, oikos = casa), nas quais cada indivíduo produz somente um tipo de gameta – ou óvulos ou espermatozoides. Na espécie humana as fêmeas são XX (produzem só um tipo de gameta) e os machos são XY, sendo, portanto, o sexo heterogamético, de modo que metade dos gametas possuem o cromossomo X e a outra metade o cromossomo Y. Dessa forma, é o sexo masculino que determina o sexo dos descendentes, pois a diferenciação das gônadas em testículos depende da presença do cromossomo Y. É interessante perceber que, em termos biológicos, o sexo masculino é o outro sexo, representante da diferença sexual.

Contudo, é importante pontuar que essa diferença biológica — que se dá no nível da reprodução sexual — é estendida para outros campos da vida humana, em prol da naturalização binária de aspectos evidentemente muito mais complexos, permeados por inúmeras variáveis biológicas, psicológicas e sociais. Freud indica que o próprio comportamento global das espécies não se resume aos seus papéis na reprodução sexual.

Destaca que a comunidade científica de sua época fora dócil com a anatomia e com as convenções ao associar o masculino ao ativo e o feminino ao passivo. "Assim, dizemos que um ser humano, seja macho ou fêmea, comporta-se neste ponto de modo masculino e naquele de modo feminino" (Freud, 2018, p. 244). Mesmo o cuidado com a prole, algo tão culturalmente associado às fêmeas humanas na História, em outras espécies, não se restringe a elas. Muitos machos são os principais cuidadores dos seus filhotes, aponta Freud.

Ainda, para executar as atividades maternas, é preciso exercer grande atividade e, para conviver socialmente, os homens precisam de uma boa dose de passividade. Entretanto, talvez por extensão da sua função sexual reprodutiva em outros campos da vida, a feminilidade teria preferência por metas passivas, o que não significa passividade total.

De fato, podemos observar que as características sexuais secundárias, tanto femininas quanto masculinas, estão presentes nos dois sexos da espécie humana, o que caracteriza a expressão da bissexualidade humana, tão apontada por Freud. O psicanalista vienense argumenta que "aquilo que constitui a masculinidade ou a feminilidade é uma característica desconhecida, que a anatomia não consegue apreender" (Freud, 2018, p. 244). Contudo, afirma que a educação impõe às mulheres intensas restri-ções na expressão de suas pulsões, o que produz, por meio do recalque, significativas consequências psíquicas.

Aqui podemos interpretar que, apesar de argumentar que desco-nhecia os fatores que determinavam a feminilidade, Freud sabia, e muito bem, que a educação criava as meninas para serem mães e para agirem de determinadas formas na sociedade: especialmente para serem passivas em relação aos seus desejos sexuais e agressivos, e que o recalcamento de suas pulsões produzia significativos efeitos, levando muitas vezes ao masoquismo, quando a pulsão de agressividade é direcionada para si mesma.

Nesse sentido, para Freud, o termo feminino se refere, em primeiro lugar, ao sexo feminino biológico, ligado às funções reprodutivas da espécie humana. A seguir, a posição feminina na sexualidade será uma realização possível, mas não obrigatória, que também não pode ser considerada simplesmente como passiva, ainda que tenha como preferência "fins passivos". Em sua visão, a feminilidade é algo difícil de definir, algo que certamente escapa à anatomia, mas que se vincula a um dos possíveis destinos da sexualidade feminina, notadamente quando a menina reconhece a sua falta de pênis e passa a buscar no outro sexo aquilo que lhe falta, notadamente o falo.[10]

A libido, energia sexual e psíquica, que tantos psicanalistas contemporâneos gostam de dizer que é masculina, é descrita por ele assim: "Só existe uma libido, que está a serviço tanto da função sexual masculina quanto da feminina. A ela própria não podemos atribuir nenhum sexo" (Freud, 2018, p. 262). Como exemplo, podemos dizer que a mãe, que cuida do seu bebê, é ativa em relação a ele em diversos sentidos; também é passiva — no sentido de que não detém o controle — quanto às necessidades imperiosas do recém-nascido, necessidades que modificam completamente a sua vida, em seu universo particular e coletivo. O bebê não pode ser considerado passivo em relação à sua mãe; ele chora, berra, mama, vomita, faz cocô, demanda incessantemente cuidados e atenção. A economia libidinal entre mãe e criança se dá em movimentos extremamente dinâmicos, convocando a atividade e a passividade de ambas as partes, como no exercício de uma dança.[11]

A partir de uma leitura atenta da conferência 33, não podemos continuar afirmando que a libido é masculina, ou ainda, que o feminino é passivo enquanto o masculino é ativo. Também não podemos ignorar a constituição bissexual da sexualidade humana e as características biológicas da reprodução sexual da nossa espécie, em sua fértil articulação com as possibilidades oferecidas pelas tecnologias contemporâneas.[12]

---

[10] É aqui que localizo a passagem do órgão ao significante no pensamento freudiano. Por não ter o pênis, a menina passa a desejar, por meio do deslocamento simbólico, outras realizações fálicas. Ter um filho, ter uma profissão, ter dinheiro etc.

[11] Assim, também serão estabelecidas as outras conexões emocionais e afetivas nos relacionamentos humanos, onde cada parte é, ao mesmo tempo, protagonista e coadjuvante dos seus próprios enlaces com a alteridade que lhe constitui.

[12] Freud, ele mesmo, era um entusiasta do desenvolvimento das neurociências e compartilha em diferentes textos a sua esperança de que um dia aquilo que ele não pudera explicar pela psicanálise seria compreendido

Entretanto, apesar do grande desenvolvimento científico e das intensas transformações sociais na atualidade, as características específicas do sexo feminino em suas relações com a vida pulsional e com as sexualidades, continuam sendo um enigma insondável para aqueles que se orientam pelo legado do pensamento do pai da psicanálise. Nesse ponto pergunto: o sexo feminino segue sendo tratado como um tabu pela Psicanálise?

1.4 A RELAÇÃO PRÉ-EDÍPICA COM A MÃE

Sons sem sentidos banhados com afetos. Cheiros, gostos, sensações. Sussurros e balbucios. Choros, berros, canções. Seios, leite, mamadeira. Dor, angústia e prazer. Sorrisos e olhares e silêncios. Percepções que antecedem ao verbo; a língua que se expressa para além da significação. Sensações da linguagem. Quando a língua age em nós. Calor humano. Há corpos. No princípio, está o som.

Freud chama de fase pré-edípica a relação primordial do bebê com a mãe, o momento que antecede a entrada no complexo de Édipo. Fase rica e multifacetada, está na origem das marcas e fixações inconscientes. Ao entrar no complexo de Édipo, a menina direciona ao pai a sua demanda de amor, em busca de encontrar o que não recebeu da mãe. O que Freud descobriu foi que essa ligação intensa e apaixonada com o pai é herdeira da relação anterior estabelecida com a mãe.

A partir de suas observações clínicas, notou que algumas mulheres permanecem ligadas à mãe e não conseguem fazer o movimento em direção ao homem (Freud, 2018, p. 220). A fase pré-edípica é reconhecida como aquela que dá lugar as fixações e recalcamentos que fazem parte da etiologia da neurose, e o medo de ser devorada pela mãe está vinculado ao desenvolvimento da paranoia em mulheres. Para Freud, a ênfase na relação primordial com a mãe se dá, especificamente, na constituição da sexualidade feminina.

Em sua concepção, é como se o menino, por meio da renúncia ao complexo de Édipo, pela ameaça de castração e formação do supereu, abandonasse de uma vez por todas sua ligação fundamental com a mãe, substituindo-a por outros objetos amorosos. A bissexualidade também

---

pela ciência do cérebro e pelo estudo do sistema nervoso. A simples oposição entre psicanálise e neurociências (tão evidente nos dias de hoje nos meios ortodoxos) não é algo que se possa extrair do legado freudiano.

seria muito mais acentuada nas mulheres, por estas possuírem duas zonas erógenas genitais, uma masculina e outra feminina, respectivamente, o clitóris e a vagina.

> Corresponde à singularidade da psicanálise não querer descrever o que a mulher é — isso seria para ela uma tarefa quase impossível de resolver —, mas, sim, pesquisar como ela se torna mulher, como se desenvolve a partir da criança dotada de disposição bissexual (Freud, 2018, p. 246).

Ao compartilhar a ideia de pesquisar "como ela se torna mulher", Freud introduz a compreensão de que a existência da mulher não é algo dado a priori ou mesmo de que haveria diferentes possibilidades de tornar-se mulher a partir da disposição bissexual. A princípio, intensamente vinculada em sua relação de dependência com a mãe, é pela via do complexo de castração que a menina entra no complexo de Édipo. A mãe amada é potente; reconhecida como faltosa ela se torna uma rival na competição pelo amor do pai. A relação original com a mãe, vivida pelo corpo anteriormente à entrada na linguagem, não pode ser descoberta pelo processo analítico guiado pelas expressões verbais da fala. Logo, os enigmas insondáveis da sexualidade feminina seriam derivados da fase pré-edípica, análoga a civilização minoico-micênica[13] para os gregos:

> Nosso entendimento sobre a fase anterior pré-edípica da menina tem o efeito de surpresa semelhante à descoberta, em outro campo, da civilização minoico-micênica por trás da grega. Tudo, no campo dessa primeira ligação com a mãe, pareceu-me tão difícil de entender analiticamente, tão esmaecido pelo tempo, tão obscuro e quase impossível de ser revivificado, como se tivesse sido submetido a um recalcamento inexorável (Freud, 2018, p. 221).

Nas relações libidinais da menina com a mãe, os desejos orais, sádico-anais e fálicos representam moções tanto ativas quanto passivas, e ambivalentes, de amor e de hostilidade. A ambivalência afetiva seria

---

[13] A civilização minoica se desenvolveu na ilha de Creta, onde sua privilegiada posição marítima favoreceu as trocas comerciais com o Egito e com a Ásia, fato que contribuiu para o seu enriquecimento. Apesar do seu poder comercial e de sua riqueza, a civilização minoica não era militarizada e as descobertas arqueológicas revelam uma cultura de valorização estética da vida. Após a conquista da civilização minoica, a civilização micênica desenvolveu-se no continente da atual Grécia durante a Idade do Bronze, aproximadamente 1.600 a 1.200 antes de Cristo, tendo como principais centros as polis de Micenas, Argos, Pilos e Tebas. Como aponta Ana Gabrecht no artigo, os antecedentes da política no mundo grego, os primeiros registros escritos desta civilização, feitos em pequenas tábuas de argila, foram encontrados no ano de 1939, oito anos depois de Freud publicar o texto sobre a Sexualidade feminina.

uma das marcas da relação mãe e filha. Logo, a pré-história da menina seria o seu laço primordial com a mãe, onde aquela ocupa uma posição fálica perante esta, satisfazendo-se ativamente por meio de seu clitóris. As fixações e regressões a esse estágio estariam vinculadas à etiologia da neurose e da paranoia, e diriam respeito à manifestação da bissexualidade feminina. A alternância entre ocupar uma posição ora ativa e ora passiva na sexualidade seria o que constituiria em grande parte o enigma freudiano da feminilidade.

Freud acentua que o afastamento da mãe é fundamental para a constituição da feminilidade, o que se daria pela via da hostilidade. Sendo assim, o ódio direcionado à mãe pode durar a vida toda de uma mulher. Normalmente, uma parte dele é superada e a outra persiste, em novos modos de manifestação. A mãe é responsabilizada por não ter a amamentado o suficiente, por ter a trocado por um irmão mais novo, por não ter a amado como deveria; nesse sentido, as queixas são múltiplas e variadas.

Entretanto, para a menina, o principal elemento que causa o seu afastamento da mãe está vinculado ao complexo de castração. A mãe é castrada — assim como ela — e, portanto, ela deve buscar o que falta em outro lugar, alhures. Para Freud, esse outro lugar é o universo fálico e masculino por excelência. A criação da feminilidade se daria em um momento *a posteriori*, quando a menina subjetiva a sua castração e aceita o fato de que apenas a maternidade — o tornar-se mãe — será capaz de lhe oferecer o falo invejado e desejado.

Sobre a questão da identificação, ressalta:

> A identificação da mulher com a mãe permite distinguir duas camadas: a pré-edípica, que se apoia na ligação carinhosa com a mãe e a toma como exemplo, e a mais tardia, que deriva do complexo de Édipo e quer eliminar a mãe e substituí-la pelo pai. De ambas, sobra bastante para o futuro, e até se tem o direito de dizer que nenhuma delas será superada em medida suficiente no curso do desenvolvimento. Mas a fase da ligação pré-edípica é a decisiva para o futuro da mulher; nela se prepara a aquisição daquelas qualidades que lhe bastarão para mais tarde cumprir seu papel nas funções sexuais e para bancar suas inestimáveis tarefas sociais. Nessa identificação ela ganha também a atração do homem, cuja ligação edípica com a mãe atiça para o enamoramento. Contudo, com muita frequência, apenas o filho recebe aquilo a que o homem almejava. Temos a

> impressão de que o amor do homem e o da mulher estão separados por uma diferença psicológica de fase (Freud, 2018, p. 264).

A primeira camada da identificação, a pré-edípica, está apoiada na relação afetuosa com a mãe, tomando-a como primeiro amor e modelo de identificação. A segunda, derivada do complexo de Édipo, toma a mãe como rival na competição pelo amor do pai. Ambas as camadas produzem efeitos na vida de uma mulher, mas Freud destaca que a primeira é "a decisiva para o futuro da mulher".

Ao ser capaz de se identificar com a própria mãe, ela aprende a exercer a função materna, subjetivando as "qualidades que bastarão" para cumprir a sua função sexual e representar os papéis sociais de mãe e esposa. Para Freud, seria essa identificação ao lugar da mãe que causaria o amor do homem, que busca na companheira reencontrar as marcas do seu primeiro objeto amoroso.

Contudo, aqui ele já aponta para o que, mais tarde, será o aforisma lacaniano "a relação sexual não existe". Entre homem e mulher, há um desencontro, uma diferença de fase psicológica. Entretanto, Freud parece acreditar que o encontro sexual perfeito de fato existe; na relação entre a mãe e o filho homem, a mais perfeita de todas as relações, em sua opinião, talvez um tanto quanto suspeita.

Para ele, a relação estabelecida entre o homem e a mulher será, inevitavelmente, perpassada pela figura da mãe. Como revela ao analisar a história dramática de Rei Lear, de Shakespeare:

> Poderíamos argumentar que o que se acha representado aqui são as três inevitáveis relações que um homem tem com uma mulher - a mulher que o dá à luz, a mulher que é a sua companheira e a mulher que o destrói; ou que elas são as três formas assumidas pela figura da mãe no decorrer da vida de um homem - a própria mãe, a amada que é escolhida segundo o modelo daquela, e por fim, a Terra Mãe, que mais uma vez o recebe (Freud, 1987, p. 379).

Para a filha mulher, em sua relação imperfeita com a mãe, é preciso que aconteça a identificação materna e o seu importante afastamento da mãe, para que ela possa, só então, realizar-se como mulher em um mundo liderado por homens. Quando a menina não realiza o afastamento da mãe — necessário para a construção de sua feminilidade — ela permanece fixada na relação pré-edípica, acontecendo o que Freud vem a chamar de catástrofe. Nesse caso, a menina permanece presa a intensidade visceral da relação primordial e a ambivalência sentimental que a caracteriza. Sem poder aceder ao homem e ao universo masculino como resposta viril à sua castração, ela se revela incapaz de torna-se mulher.

O que escapa ao domínio do falo, no pensamento freudiano, é apenas o horror da criatura mutilada, ou, como pontua em *Análise terminável e interminável*: "O repúdio da feminilidade pode ser nada mais do que um fato biológico, uma parte do grande enigma do sexo" (Freud, 1975, p. 287). Para ele, trata-se de um continente negro e desconhecido; enigma ao qual ele, como um homem, um genial filho da mãe, não foi capaz de desvendar. Por outro lado, indicou que, para saber mais sobre isso, deveríamos perguntar aos poetas e às analistas mulheres.

1.5 AS FEMINISTAS E FREUD

O nascimento e o fluxo da primeira onda da Psicanálise — no final do século XIX e início do século XX — foram contemporâneos do Sufragismo, movimento social caracterizado pela organização coletiva de mulheres em prol da conquista de direitos, ligados, especialmente, ao exercício pleno da cidadania, como o acesso à educação, ao voto, ao divórcio e à participação efetiva das mulheres na vida pública e política.

Como aponta a antropóloga feminista Carla Cristina Garcia, durante o século XIX aconteceram importantes movimentos emancipatórios como resposta às transformações sociais ligadas aos processos de urbanização e industrialização. Foi nesse momento histórico que o feminismo ganhou uma expressão internacional. "O horizonte ético-político do feminismo do período foi o igualitarismo entre os sexos e o da emancipação jurídica e econômica da mulher" (Garcia, 2015, p. 48).

Nesse contexto, as feministas se envolveram em causas que iam além das questões específicas das mulheres, causas fundamentais relacionadas aos direitos humanos e civis, como a luta pela abolição da escravidão. Por exemplo, no ano de 1851, Sojourner Truth discursou na Convenção de Mulheres em Ohio,[14] alertando para a existência de diferenças de

---

[14] Um trecho do discurso de Sojourner Truth disponível no Portal Geledés (2014): "Aquele homem ali diz que as mulheres precisam ser ajudadas a subir nas carruagens, erguidas sobre valas, e ter o melhor lugar em todos os lugares. Ninguém nunca me ajuda a entrar em carruagens, ou a passar por poças de lama, ou me dá um lugar melhor! E não sou uma mulher? Olhe para mim! Olhe meu braço! Eu arei e plantei, e juntei em celeiros, e nenhum homem poderia me liderar! E não sou uma mulher? Eu poderia trabalhar tanto e comer

raça e de classe social entre as próprias mulheres, problematizando o estereótipo idealizado da feminilidade, baseado na mulher ocidental, branca e burguesa.

> As mulheres, que já haviam lutado ao lado dos homens pela independência, se organizaram para abolir a escravidão. Essa atividade lhes trouxe experiência na luta civil, na oratória e lhes serviu de lanterna para tomar consciência de sua própria condição (Garcia, 2015, p. 48).

Ao longo da Revolução Francesa, no final do século XVIII, as mulheres começaram, progressivamente, a se organizar em busca de obter direitos sociais. Nesse contexto, Olympe de Gouges[15] foi uma figura de destaque. Em 1791, enquanto a Declaração dos Direitos do Homem e do Cidadão ainda estava sendo discutida, ela publicava a Declaração de Direitos da Mulher e da Cidadã, onde defendia que as mulheres deveriam ter acesso aos direitos humanos universais e também ressaltava as diferenças que elas encarnavam. Como indica Joan Scott (1996), a sua declaração não foi a única e nem mesmo a primeira manifestação feminista durante a Revolução, mas acabou tornando-se a exemplar, devido ao protagonismo exercido por Olympe de Gouges no conflituoso cenário da Revolução.

A Declaração dos Direitos do Homem e do Cidadão, proclamada no ano de 1789, apesar de excluir as mulheres, as crianças, os imigrantes, os negros, os indígenas, os escravos e tantos outros de seu texto, dava abertura para questionar as condições universais da dignidade humana no estado moderno. Para Scott (1996, p. 20, tradução nossa): "O estatuto ambíguo das mulheres como objetos e sujeitos, o seu reconhecimento como agentes civis e sua exclusão da política, engendraram o feminismo".

---

tanto quanto um homem — quando pudesse — e suportar o açoite também! E não sou uma mulher? Dei à luz treze filhos e vi quase todos serem vendidos como escravos, e quando chorei com a dor de minha mãe, ninguém além de Jesus me ouviu! E não sou uma mulher?".

[15] Olympe de Gouges, batizada Marie Gouzes, foi uma prolífera autora e ativista francesa de peças de teatro (algumas encenadas pela Comédia francesa), panfletos políticos e textos diversos. Ao ficar viúva, ainda muito jovem, a moça se mudou do interior da França para Paris, o que permitiu que ela manifestasse suas potencialidades criativas na cidade em plena ebulição. Abandona então o primeiro nome recebido pela família e os sobrenomes herdados do pai e do ex-marido, criando o nome próprio Olympe de Gouges. "Nenhum nome que não fosse aquele que ela havia dado a si mesma poderia designar (e definir) sua existência. Ela era única; seu eu originou-se com ela mesma" (Scott, 1996, p. 22, tradução nossa). Por criticar a centralidade do poder dos jacobinos, denunciar publicamente os abusos de Robespierre, e por não concordar plenamente com seus atos e ideias, ela foi condenada à prisão e à morte na guilhotina.

Segundo Scott, desde o seu surgimento na modernidade, o movimento feminista é paradoxal.[16] Ao mesmo tempo em que recusa a interpretação patriarcal moderna a respeito da diferença sexual — que, baseando-se em uma suposta natureza, inferioriza e exclui as mulheres do protagonismo da vida pública — afirma a existência de diferentes realidades históricas entre os sexos, valorizando, por sua vez, as particularidades biológicas, imaginárias, simbólicas e históricas do sexo feminino.

A existência do feminismo denuncia a inconsistência do estado moderno que, ao prometer a universalidade dos direitos humanos, exclui grande parte dos seres humanos do planeta da condição de participar da dita humanidade.

> A história do feminismo é a história de mulheres que tiveram apenas paradoxos a oferecer, não porque — como diriam os críticos misóginos — as capacidades de raciocínio das mulheres são deficientes ou suas naturezas fundamentalmente contrárias, não porque o feminismo de alguma forma não foi capaz de obter sua teoria e praticá-la corretamente, mas porque, historicamente, o feminismo ocidental moderno é constituído pelas práticas e discursos da política democrática que equipararam a individualidade à masculinidade (Scott, 1996, p. 5, tradução nossa).

A própria noção de indivíduo, na modernidade, também se torna paradoxal. Por um lado, o indivíduo é aquele que se diferencia de todos os outros por suas qualidades únicas, por outro, para se sustentar como tal, ele precisa refletir as características individuais tomada como abstratas e universais.

Nesse sentido, as características individuais universais foram concebidas para espelhar as virtudes associadas aos portadores do sexo masculino. Logo, podemos afirmar que o sujeito moderno é masculino. Entretanto, a prerrogativa da masculinidade não é a única que constitui a individualidade moderna, pois, como indica Scott, a suposta superioridade dos homens brancos europeus, em face aqueles considerados selvagens "reside na individualidade alcançada e expressa por meio das divisões sociais e afetivas do trabalho formalizadas pela instituição do casamento monogâmico" (Scott, 1996, p. 101, tradução nossa). Desse modo, a instituição do casamento é uma das bases do patriarcado moderno.

---

[16] De acordo com Scott (1996), na teoria estética e retórica, um paradoxo é sinal da capacidade de balancear a complexidade e a contrariedade presentes nos pensamentos e nos afetos humanos, o que leva à criatividade poética. É também o que desafia a ortodoxia, sendo o que caminha, literalmente, contra a doxa.

A instituição do casamento monogâmico, na modernidade, foi moldada pelos ideais da família nuclear burguesa. É evidente que nesse cenário, os ideais de feminilidade burguesa passaram a normatizar os corpos e as subjetividades das mulheres. Como indica Garcia, em sua dissertação de mestrado intitulada *Ovelhas na Névoa: um estudo sobre as mulheres e a loucura*, a medicina moderna intensificou o processo de "apropriação do corpo e da sexualidade da mulher" (Garcia, 1991, p. 52).

Para Garcia, a ciência explicava que a essência das mulheres fazia com que elas se dedicassem integralmente à maternidade, ao lar e à família. As que ousavam ir para as ruas, em busca de direitos e emancipação, eram consideradas desajustadas; desviadas, loucas e histéricas que não aceitavam o lugar ao qual eram designadas pela natureza. "Os médicos, por seu turno, estavam sempre prontos a advertir que a mulher que ultrapassasse os limites da esfera privada estaria à mercê de um colapso mental" (Garcia, 1991, p. 67).

Em muitos casos, histeria e feminilidade foram mesmo tratadas como sinônimos. Suas expressões — medidas com a dura régua da norma masculina — eram consideradas ora faltosas ora excessivas. A instabilidade de seus humores, hormônios e comportamentos — *La donna è mobile* — precisava ser contida para o bem-estar e o equilíbrio da família e da sociedade em geral. As mulheres eram constantemente vigiadas e moldadas por aqueles que detinham o "privilégio de forjar o imaginário do real, onde se ostenta a legitimação de seu poder" (Mathieu *apud* Garcia, 1991, p. 5).

É nesse contexto que Sigmund Freud criou a Psicanálise a partir de sua experiência clínica com a histeria, no final do século XIX. Ele soube escutar as mulheres que tinham as suas sexualidades contidas pela cultura vitoriana e que manifestavam sintomas polimorfos, como satisfações substitutivas de seus desejos reprimidos. Por outro lado, permaneceu surdo aos paradoxos presentes nos discursos feministas por emancipação. Desde o princípio da Psicanálise, Psicanálise e feminismo estão trançados. Subversivas — as psicanalistas e as feministas — lançaram luzes aos desejos que não podiam ser expressos no laço social.

Ao longo de sua obra, Freud desvelou as estruturas simbólicas do inconsciente patriarcal e encontrou limites intransponíveis para tratar das particularidades da sexualidade feminina. Acreditava que a feminilidade se realizava pela via da maternidade, dentro de uma perspectiva falocêntrica do inconsciente. O saber psicanalítico, também paradoxal desde sua origem, não deixou de herdar a visão androcêntrica[17] que predomina na tradição do pensamento ocidental.

Como indica Juliet Mitchel, "Freud estava inclinado a fazer sátira contra o feminismo. Sua intenção provavelmente era fazer com que as feministas militantes sentissem que lutavam contra moinhos de vento" (Mitchel, 1979, p. 317). Ele, que acreditava nas consequências psíquicas da diferença anatômica e biológica entre os sexos, não podia crer na igualdade sexual.

Sendo assim, o pai da Psicanálise desconfiava do movimento feminista, pois entendia que o que as feministas buscavam era a igualdade sexual, e que isso se refletiria na busca por igualdade de direitos sociais: "A exigência feminista por igualdade entre os sexos não nos leva muito longe, pois a diferença morfológica vai se expressar em distinções no desenvolvimento psíquico" (Freud, 2018, p. 194).

Portanto, a busca por direitos sociais, por parte do movimento de mulheres, seria sinônimo de tentar se igualar ao modelo masculino de subjetividade. Ter acesso à educação, ao voto, à vida política, significaria renunciar à especificidade feminina, voltada para os corredores da intimidade, para as dores e as delícias da maternidade, para as relações pessoais, para então buscar realizar-se enquanto sujeito na esfera pública.

Todavia, Freud tinha muitas mulheres como parceiras de trabalho na psicanálise e, inclusive, conferiu importância a várias delas, que para ele eram fontes de inspiração e conhecimento. Como sabemos, foram as analistas mulheres que fizeram as descobertas mais significativas sobre as especificidades da sexualidade feminina e da subjetividade infantil.

Ainda, foi uma mulher, a princesa Marie Bonaparte, que financiou a fuga da família Freud para a Inglaterra, garantindo, em grande parte, devido ao seu poder econômico e influência política, a resistência da psicanálise face à destruição nazista.

Contudo, o pai da Psicanálise continuava fiel a sua perspectiva falocêntrica, que tomava o universo masculino como modelo de subjetivação e cultura.

> [...] a cada vez que uma comparação parecia resultar desfavorável ao seu sexo, as nossas damas conseguiam expressar suspeitas de que nós, os analistas homens, não tínhamos

---

[17] No androcentrismo, "o mundo se define em masculino e ao homem é atribuída a representação da humanidade" (Garcia, 2015, p. 14).

conseguido superar determinados preconceitos profundamente arraigados contra a feminilidade, o que agora nos penalizaria pelo caráter parcial de nossa pesquisa... Só precisávamos dizer: "Isso não vale para as senhoras. As senhoras são uma exceção: mais masculinas do que femininas neste ponto (Freud, 2018, p. 247).

Para Mitchel (1979), Freud, ao realizar a sua análise do patriarcado, não estava comprometido em fazer política ou em questionar a moral vigente. Buscando compreender a psique feminina, "[...] levou em conta as exigências culturais específicas que são feitas a elas. Não era do seu interesse se tais exigências eram certas" (Mitchel, 1979, p. 354).

Ao longo da conferência 33, sobre a feminilidade, Freud faz questão de brevemente "mencionar o nome de algumas das mulheres que fizeram valiosas contribuições a esta investigação" (Freud, 1976, p. 160), são elas Dra. Ruth Mack Brunswick, a Dra. Jeanne Lampl-de Groot e Dra. Helene Deutsch. Entretanto, foram muitas que trabalharam na criação e sustentação da Psicanálise na aurora do século XX. Entre elas: Sabina Spielrein, Lou-andreas Salomé, Jeanne Lampl-de Groot, Ruth Mack Brunswick, Melanie Klein, Helene Deutsch, Joan Rivière e Karen Horney.

Nesse contexto, Karen Horney se destacou em questionar o pensamento de Freud sobre a sexualidade e a subjetividade feminina, criando, a partir de suas experiências singulares, de seus estudos e de sua clínica, a sua própria obra ovular. Ao nomear as autoras da Psicanálise que colaboraram consigo, Freud não menciona Horney textualmente. Afinal, ela não fora uma seguidora fiel; ela contestara a autoridade centralizadora do pai da Psicanálise, buscando ir além.

Em uma passagem do texto de 1931 sobre a sexualidade feminina, Freud cita a autora demonstrando as suas posições contraditórias.[18] Não à toa, Karen Horney é considerada uma pioneira em pensar a Psicanálise a partir de uma perspectiva feminista, tendo influenciado o pensamento de diversas autoras, psicanalistas e feministas, desde então. Como pontua Luce Irigaray: "Foi uma mulher, Karen Horney, quem primeiro recusou se submeter ao ponto de vista freudiano sobre a sexualidade feminina" A partir dela, "a interpretação da relação da mulher com seu sexo encontra-se grandemente modificada" (Irigaray, 2017, p. 61).

---

[18] "Assim, por exemplo, Karen Horney (1926) é de opinião de que superestimamos grandemente a inveja do pênis primária da menina e que a intensidade da tendência masculina que mais tarde ela desenvolve deve ser atribuída a uma inveja do pênis secundária, utilizada para desviar seus impulsos femininos, e em particular, sua ligação feminina com o pai" (Freud, 1931, p. 251).

KAREN HORNEY:
MÃE DA PSICOLOGIA FEMININA

É estranho que durante a graduação de Psicologia, a especialização na mesma área e o mestrado em Psicanálise, eu não tenha escutado este nome sonoro: Karen Horney. Ainda muito estranho é que eu não tenha aprendido algo sobre a sua participação como destacada pioneira no movimento psicanalítico internacional e na criação da teoria da Psicanálise, especialmente sobre a sexualidade feminina.

Para mim, sua descoberta veio com o desvelamento de uma nova forma de pensar e praticar a Psicanálise, uma maneira mais ampla, criativa e transdisciplinar. Apesar do sentimento de estranhamento em relação ao meio psicanalítico tradicional, eu percebia que não estava sozinha.

De fato, eu fazia parte de algo muito maior: uma teia colorida, viva e pulsante. Antes de mim, muitas outras psicanalistas inconformadas existiram e ainda existem. Que os seus pensamentos não fossem considerados nos meios universitários e nas escolas de psicanálise não me era uma surpresa, ainda que isso me incomodasse muito.

Ao terminar o mestrado, desejava saber mais sobre essas autoras esquecidas, que pensavam e atuavam de modo diferente sobre a teoria e a prática analítica; eu estava causada pelo desejo de poder transmitir algo a partir do que experenciava com minhas novas descobertas e vivências. Escolhi pesquisar mais sobre a psicanalista Karen Horney por admiração; pela sua posição de vanguarda no movimento da psicanálise internacional e também pelo caráter original e feminista de sua obra.

Como nos conta Susan Quinn (2011), Karen Clementina Theodora Danielsen nasceu em Eilbek, uma pequena cidade nos arredores de Hamburgo, na Alemanha, no dia 15 de setembro de 1885, quatro anos depois do nascimento de seu irmão mais velho, chamado Berndt. Sua mãe, Clothilde Marie (ou "Sonni") Danielsen, era uma mulher inteligente, progressista e dedicada aos cuidados dos filhos adorados. Entretanto, ela enfatizava que os filhos eram as suas únicas alegrias na vida familiar. A relação conjugal entre ela e o pai de Karen era nitidamente infeliz, pois não havia afinidade entre eles. Sonni, que havia casado aos vinte e oito anos (uma idade considerada avançada para o casamento naquela época) tinha ideias liberais, era uma livre pensadora mais afeita as consultas de cartomancia do que as rígidas práticas religiosas do marido.

O pai de Karen, Berndt Wackels Danielsen, era um capitão de navio, um sujeito vinte anos mais velho do que sua mãe. Wackels estava frequentemente ausente em razão do trabalho embarcado, entretanto, quando presente, se fazia operar por meio de seus devotados sermões religiosos de orientação luterana.

O capitão Weckels foi um dos primeiros a realizar a rota de Hamburgo para a costa Oeste da América do Sul e da América Central, o que era uma missão bastante corajosa e reconhecida como pioneira na época. No comando da embarcação, Wackels atravessava mares turbulentos e perigosos, tendo contornado o cabo Horn diversas vezes.[19] Em seus relatos, Karen conta que realizou algumas longas viagens de navio junto com o pai, contornando o continente americano pelo extremo Sul.

Em seu diário pessoal de adolescente, Karen descreve sua família composta por ela, sua mãe e seu irmão; e a aparição do pai parece romper a harmonia familiar. Na dinâmica do casamento conflituoso entre os pais, Karen indica ter escolhido ficar do lado da mãe, como revelam seus escritos juvenis. O ódio que a jovem Karen transparecia pelo pai, nas palavras inscritas em seu diário, demonstram também o seu intenso amor, talvez frustrado pelo homem ausente e distante, mas também pelo sujeito desejante, movido por sua coragem e ousadia em cruzar o oceano, enfrentando os inúmeros desafios da jornada em mares perigosos, liderando com a autoridade de um capitão a tripulação.

Karen desenvolveu uma relação de muita proximidade, de afeto, respeito e admiração por um pastor liberal luterano, que era amigo íntimo da família e ocupava uma posição de líder do seu próprio pai. Com ele, interessou-se pelo estudo religioso por um período, mas seus incessantes questionamentos, guiados pelas asas de fogo de seu espírito livre, a

---

[19]   Tive a experiência de contornar o cabo Horn em uma viagem de cruzeiro com a minha pequena família (minha mãe, meu irmão e eu). Lembrarei para sempre da suntuosa força das ondas que faziam o navio balançar a ponto de desestabilizar as pessoas e os objetos a bordo, e do indescritível poder da natureza selvagem. O cabo Horn é o ponto mais extremo da América do Sul e ficou conhecido pelos inúmeros naufrágios ocorridos na região devido as adversas condições marítimas e climáticas. O seu nome se deu pela forma de uma das rochas que se sobressai ao mar, parecendo um chifre.

levaram a seguir o caminho dos estudos científicos, primeiro na escola e depois na universidade.

É provável que as suas heranças — a coragem e o senso de liderança do pai, unidas aos ideais progressistas e à fértil imaginação da mãe — tenham favorecido que Karen, em seu brilho e inteligência próprios, tenha sido capaz de construir um destino diferente para si, uma vida singular, movida pelo amor ao desconhecido, pela paixão pelo saber. Destino desafiador e tantas vezes inseguro; escolha bastante distinta da norma social prescrita para as mulheres de sua geração. Também não é à toa que, ao longo de sua vida, Karen tenha cruzado os mares para se aventurar em outros territórios, em caminhos nada ortodoxos, desbravando novos lugares afetivos, geográficos e epistemológicos.

Como fruto das conquistas do movimento Sufragista, muitas escolas aceitavam meninas na aurora do século XX na Alemanha. Segundo Quinn, antes disso a educação pública no país era praticamente inacessível para elas. A educação de meninas e meninos era realizada em escolas separadas e, a partir de então, começaram a surgir propostas para a criação de escolas mistas.

Karen estudava em um colégio perto de sua casa e era uma aluna curiosa e aplicada que se destacava nos estudos, o que chamava a atenção de seus professores. Nesse contexto, Sonni felizmente conseguiu convencer o marido de que a filha teria mais chances se pudesse estudar em um *Gymnasium* misto com educação progressista. Como revelam os seus escritos, desde aquela época ela já sabia que queria construir uma carreira profissional e ter uma vida pessoal independente. E foi justamente o que fez.

Como indica Amorim (2021), a jovem Karen foi uma das primeiras mulheres a ingressar na faculdade de Medicina de Freiburg, em 1906, dando continuidade aos estudos de Psiquiatria em Gottinguen e Berlim. Em 1909, casa-se com Oskar Horney — com quem teve três filhas — e começa a sua análise com Karl Abraham em 1910, para tratar sua depressão. No ano de 1912 começou a atender como neuropsiquiatra e foi somente em 1919 que Karen Horney passou a clinicar como especialista em Psicanálise.

A partir de 1920, se dedicou as atividades da Sociedade Psicanalítica de Berlim, onde se destacou na condução de atendimentos, supervisões e seminários. Em 1932, já separada de Oskar, Karen se mudou para os Estados Unidos, momento em que aceitou o convite para ser a diretora do novo Instituto de Psicanálise de Chicago e para lecionar em distintas universidades. Algum tempo depois, passou a fazer parte do Instituto de Nova York, na *Big Apple*, onde também atuou como professora na prestigiosa *New School of Social Research*.

Por pensar fora dos enquadres da ideologia dominante da psicanálise ortodoxa, recebeu críticas de colegas que a acusavam de não entender e de não praticar a "verdadeira" Psicanálise. Sendo considerada uma dissidente, foi suspensa de sua função como psicanalista supervisora. Em 1941, decidiu se retirar da *International Psychoanalysis Association* (IPA) e fundar, junto com Erik Fromm, Clara Thompson e Harry Sullivan, a Associação Americana para o Avanço da Psicanálise, assim como o *American Journal of Psychoanalysis*.

Devido a clássica sectarização dos psicanalistas conservadores, a associação fundada por Karen Horney só foi reconhecida pela Associação Americana de Psicanálise em 2016, 75 anos após o ato de sua fundação.

2.1 A CRÍTICA DA UNIVERSALIZAÇÃO E DA DOMINAÇÃO MASCULINA NA PSICANÁLISE

Karen Horney é considerada uma dissidente pela psicanálise ortodoxa. Atuando como uma pensadora e clínica heterodoxa[20], é fato que soube criticar o seu próprio ofício e foi capaz de se reinventar com ele. "É também significativo que ela sempre se referiu a si mesma como psicanalista e ao seu método de tratamento como psicanálise, apesar das revisões e reinterpretações da teoria freudiana clássica" (Rubins, 1978, p. 153, tradução nossa).

Chamá-la de heterodoxa não é sem razão. Ao longo de sua obra, como veremos, Karen foi capaz de criticar pontos importantes da doutrina freudiana, propondo novas concepções e abordagens, com o intuito de fazer a psicanálise avançar, estando à altura dos desafios de seu tempo. Entretanto, a psicanalista foi também pioneira em ressaltar um dos elementos mais fundamentais e constituintes do saber psicanalítico: sua heterogeneidade.

Desde o legado freudiano, a Psicanálise foi alimentada por diferentes fontes de saber: a Medicina, a Filosofia, a mitologia grega e a Literatura são

---

[20] Segundo o dicionário Michaelis (2016), heterodoxo é aquilo "que se opõe a dogmas ou padrões estabelecidos por um grupo; dissidente; aquele que contraria aos princípios fundamentais de uma religião; herege".

apenas algumas das diversas áreas que, em um entrelaçamento dinâmico, norteado pela prática clínica, levaram à criação deste novo e subversivo campo de transformação das relações humanas.

Ao se mudar para os Estados Unidos, Karen pôde perceber o quanto a imersão em uma cultura diferente é capaz de produzir novas nuances perceptivas. Entrando em contato com estudiosas de variadas áreas em um novo território, reconheceu que as trocas entre práticas e saberes distintos permitem a ampliação das experiências humanas, favorecendo a compreensão da complexidade, sem assumir posições dogmáticas. Em suas palavras:

> A grande emancipação dos pensamentos dogmáticos que encontrei nos EUA facilitou-me a tarefa de não aceitar, como certas, as teorias psicanalíticas e deu-me a coragem de prosseguir pelo caminho que considerava justo. Mais ainda, o familiarizar-me com uma cultura que em muitos pontos é diferente da europeia ajudou-me a compreender que muitos conflitos neuróticos, em última análise, são determinados por condições culturais (Horney, 1966, p. 15).

Em seus primeiros anos habitando o continente americano, foram ressaltadas especialmente as conexões prolíficas entre a Psicanálise, a Sociologia e a Antropologia. Ela compreendia os limites e as potências de cada campo e acreditava na colaboração recíproca em prol dos benefícios dos tratamentos. Nesse sentido, introduz que:

> O sociólogo apenas pode dar informações a respeito da estrutura social de uma dada cultura, ao passo que o analista só pode informar a respeito da estrutura de uma neurose. A única maneira de vencer a dificuldade é trabalhar em cooperação (Horney, 1966, p. 141).

Nos Estados Unidos, ela se aproximou do movimento culturalista, que enfatizava a relevância dos aspectos culturais na formação das subjetividades humanas, estabelecendo diálogos produtivos com pensadoras e estudiosos remarcáveis, entre eles o sociólogo e psicanalista Erich Fromm e a antropóloga Margareth Mead.[21] O trabalho de Erich Fromm influen-

---

[21] No prefácio do livro *Macho e fêmea*, Mary Bateson, filha de Margareth Mead, discorre sobre a autora da obra, sua mãe: "Feminista, ela combinava a afirmação da necessidade de tornar as mulheres cidadãs plenas e iguais na sociedade com um fascínio permanente pelas crianças... Muitas vezes, Mead é considerada uma "determinista cultural" (tão obcecados que somos em reduzir o pensamento dos autores a um único rótulo). De fato, o termo reflete a sua crença de que as diferenças entre as sociedades no comportamento e no caráter esperados (p. ex., entre os Samoanos e os Manus) são, em grande medida, aprendidas na infância e moldadas

ciou Horney pela crítica feita à "falta de orientação cultural das obras de Freud" (Horney, 1966, p. 15); e o trabalho de Mead teve grande influência por seu caráter feminista, tendo sido ela uma antropóloga pioneira em incluir as mulheres e as crianças em suas análises, e em conferir a elas destaque especial em seus estudos de campo.

Karen Horney exerceu sua vanguarda ao problematizar as formulações universalistas da Psicanálise, criticando fortemente a proposta da generalização de conceitos fundamentais do pensamento freudiano. Para Horney, as diferentes culturas produzem distintas formas de subjetivação, o que torna, portanto, impossível a universalização dos sujeitos, tema que é amplamente discutido nos debates acadêmicos contemporâneos, especialmente no contexto dos estudos de gênero.[22]

Ao denunciar a dominação masculina no seio discursivo da Psicanálise — apontando que, em sua maior parte, eram homens que falavam sobre a vida sexual das mulheres, a partir de seus pontos de vista, marcados por suas formas de socialização — Karen Horney desenvolve o seu pensamento e os seus estudos na direção de abordar as especificidades da sexualidade feminina fora da referência tradicional que é guiada pela perspectiva do macho humano, branco e europeu. Segundo Horney (1991, p. 51):

> A psicanálise é criação de um gênio masculino, e quase todos os que desenvolveram suas ideias são homens. É justo que desenvolveram com mais facilidade uma psicologia masculina e compreendam melhor a evolução dos homens do que das mulheres.

Nesse contexto, ela buscou valorizar a experiência das mulheres na clínica e fora dela, no desdobramento de seus questionamentos teóricos, propondo novas formulações em um diálogo dinâmico com a abordagem

---

pelos padrões culturais transmitidos através das gerações que orientam os potenciais biológicos das crianças, e não determinados pela genética. Na medida em que a cultura é um artefato humano passível de ser transformado, e não um destino congênito, ela não era uma determinista ingênua, e suas convicções a respeito da política social sempre incluíram uma fé na capacidade humana de aprender" (Mead, 2020, p. 12-13).

[22] Paul Preciado, em *O monstro que vos fala*, discurso de um homem trans, de um corpo não binário, junto à Escola da Causa freudiana na França, proferido no dia 17 de novembro de 2019, introduz: "Não se pode mais recorrer sistematicamente aos textos de Freud ou Lacan como se eles tivessem um valor universal não historicamente situado, como se esses textos não tivessem sido escritos dentro dessa epistemologia patriarcal da diferença sexual... A psicanálise se depara com uma escolha histórica inédita: ou segue trabalhando com a velha epistemologia da diferença sexual e legitima de fato o regime patriarco-colonial que a sustenta, tornando-se responsável pela violência que produz, ou se abre a um processo de crítica política de seus discursos e práticas" (Preciado, 2019, p. 48-49).

freudiana. É interessante notar como ela não nega ou abandona o referencial teórico de Freud, mas joga com ele, tecendo e fundamentando as suas críticas, para em seguida propor o seu modo singular de abordar as questões. Realiza uma abordagem crítica e construtiva da obra do pai da Psicanálise, apoiando-se em aspectos que considera problemáticos da teoria freudiana, para construir a sua própria perspectiva clínico-teórica.

> Comigo aconteceu que, quanto maior era a atitude crítica que assumia em relação a uma série de teorias psicanalíticas, melhor eu compreendia o valor construtivo das descobertas de Freud, e mais caminhos abriam-se para a compreensão dos problemas psicológicos (Horney, 1966, p. 12).

Por intermédio das ideias do sociólogo Georg Simmel, ela se depara com a constatação de que "toda a nossa civilização é masculina. O Estado, as leis, a moral, a religião e as ciências foram criadas pelo homem" (Horney, 1966, p. 52). A associação histórica entre a objetividade e a masculinidade é ressaltada nas Artes, na moral, no campo das ideias, "em categorias que pertencem, por assim dizer, em sua forma e direitos à humanidade em geral, mas na sua configuração histórica real são totalmente masculinas" (Simmel *apud* Horney, 1991, p. 52). Logo, citando Simmel, Karen Horney aponta que os próprios valores e critérios usados para designar as características do que é masculino ou feminino não são neutros, originadas de uma suposta diferença real entre os sexos, mas, sim, definidos por critérios masculinos.

A própria humanidade tem sido reduzida à existência masculina, prova disso é que em várias línguas o homem é sinônimo do modelo de ser humano universal. Sendo assim, "como todas as ciências e todas as avaliações, a psicologia das mulheres tem sido até agora considerada somente do ponto de vista dos homens", e mais ainda, ela continua afirmando que "a psicologia da mulher representa até hoje o depósito dos desejos e frustrações dos homens" (Horney, 1991, p. 53).

A internalização dos padrões e valores masculinos são estruturantes nos processos de subjetivação nas sociedades patriarcais, onde as próprias mulheres "adaptaram-se aos desejos dos homens e sentem como se isso fosse sua verdadeira natureza, isto é, elas se veem ou se viam conforme a exigência dos desejos dos seus homens" (Horney, 1991, p. 53). Desse modo, não há lugar para a afirmação de uma subjetividade feminina — a partir de dizeres e práticas que levem em conta as diversas experiências das mulheres — a não ser que esta seja construída a partir de valores fálicos, operando inconscientemente sob "sugestão do pensamento masculino" (Horney, 1991, p. 53).

Como veremos, ao longo de sua obra, Karen Horney não propôs a criação de um pensamento feminino universal. Ao abordar a complexidade biopsicossocial da nossa espécie, ela enfatizou as inúmeras diferenças entre as mulheres e entre todos os seres humanos, considerando a importância do respeito às diferenças para as existências das sociedades democráticas. Assim, como indica: "A mulher norte-americana é diferente da alemã e ambas são diferentes de uma índia da tribo Pueblo. A mulher da sociedade de Nova Iorque é diferente da esposa do fazendeiro de Sidaho" (Horney, 1966, p. 99). Assim como nós, eu e você, nesse instante, existimos e pulsamos de formas diferentes.

2.2 SEXO FEMININO, PRESENTE!

No intuito de conceber uma Psicologia feminina que seja mais do que "o depósito dos desejos e frustrações dos homens", Karen Horney escreveu uma série de textos originais sobre o assunto, publicados em uma coletânea que leva o nome de *Psicologia Feminina*.

É interessante notar que os textos publicados foram escritos entre as décadas de 1920 e 1930, e que a autora estava produzindo seus escritos em um diálogo contemporâneo com os textos de Freud e de outros autores. O momento da produção dos textos publicados no volume intitulado *Psicologia Feminina* antecede a fase mais culturalista do pensamento da autora; seus textos demonstram sua faceta de psicanalista e de médica, ainda mais ligada à medicina e aos estudos biológicos. Entretanto, já demonstram sua originalidade e incluem o amadurecimento dos óvulos de seu pensamento crítico e social.

Ela demonstra como a teoria de Freud sobre o desenvolvimento da sexualidade feminina, baseada no complexo de castração e na inveja do pênis, é um reflexo das fantasias dos meninos baseadas nas características anatômicas do sexo masculino, ou seja, em seu próprio narcisismo infantil. Dirigindo-se à comunidade analítica, argumenta que o fato de o sexo feminino estar em desvantagem em relação ao masculino é tomado como uma "verdade axiomática" (Horney, 1991, p. 53) pelos psicanalistas, sem qualquer problematização, e que isso se deve às vicissitudes da vaidade masculina que são prontamente refletidas em suas produções teóricas.

Apesar de acreditar que a "contaminação por uma perspectiva masculina ocorra na infância" (Horney, 1991, p. 55), a autora indica que o ponto de vista masculino dos psicanalistas em suas análises é capaz de engendrar a unilateralidade das observações. Logo, "se tentarmos libertar nossa mente desta maneira de pensar masculina, quase todos os problemas da psicologia feminina assumem outra aparência" (Horney, 1991, p. 55). E é a esse processo de libertar a mente dos preconceitos masculinos sobre a sexualidade feminina que a psicanalista irá se dedicar. Vamos nos juntar a ela?

Sobre a inveja do pênis na sexualidade feminina, a hipótese original de Freud seria a de que essa seria deslocada, na feminilidade, para o desejo de ter um filho, especialmente um filho homem. Para o psicanalista, o apego ao homem, incluindo o próprio pai, é justificado pela inveja do pênis e pelo deslocamento para o desejo de ter um filho, o que só seria possível por meio da relação com um homem. Como indica Horney, a inveja do pênis pode ser observada nas meninas e sua mortificação narcísica se expressa pelas circunstâncias de possuir menos vantagens no autoerotismo infantil, no prazer uretral sentido durante a micção, na masturbação, na visão do órgão etc. Nas mulheres adultas, a inveja do pênis demonstra um "enorme poder dinâmico" (Horney, 1991, p. 60); manifestando-se em fantasias de castração, atitudes de hostilidade em relação aos homens, algumas vezes assumindo a forma de fantasias de desvalorização e auto degradação.

Entretanto, para Horney — que difere da posição de Freud — a inveja do pênis não é primária no desenvolvimento da sexualidade feminina. Ela é uma formação secundária, "englobando tudo o que foi malogrado no desenvolvimento da feminilidade" (Horney, 1991, p. 60). Segundo a autora, para compreender os malogros da feminilidade no contexto da sexualidade infantil, precisamos abordar inicialmente a atividade da masturbação.

> Minha experiência analítica mostra que é decididamente possível que as meninas tenham forma específica de onanismo (que por acaso difere da técnica dos meninos) [...]. E não vejo por que, apesar da evolução, não se possa aceitar que o clitóris faça parte integrante do aparelho genital feminino e a ele pertença legitimamente (Horney, 1991, p. 61).

Se olharmos com os nossos olhos de hoje, a psicanalista parece estar dizendo o óbvio quando afirma que o clitóris[23] não é um pequeno pênis, e sim um órgão legítimo do aparelho genital feminino. Mas, naquele momento, ela está se contrapondo ao pensamento dominante na Psicanálise em sua teoria sobre o desenvolvimento da sexualidade feminina, na qual Freud defendia que tal sexualidade seria centrada na inveja do pênis e em suas consequências psíquicas. Lembremos ainda que, para ele, o clitóris era concebido como um pequeno pênis, e a menina sentiria inveja ao comparar o seu micro-órgão com o do menino, muito mais avantajado. Ainda, não haveria percepção e representação da vagina na infância, ideia da qual Horney também discorda.

Segundo sua experiência clínica, a masturbação vaginal,[24] que pode perdurar ao longo da vida das mulheres, começa na infância e em muitos casos antecede a masturbação clitoridiana. A angústia relacionada a masturbação genital é influenciada por alguns fatores como a culpa pelas fantasiais edipianas, a observação do sangramento menstrual e a vulnerabilidade especial da mucosa vaginal (segundo a autora, é frequente a ocorrência de dor ou o surgimento de pequenas lesões causadas pelo atrito durante a masturbação).

> Muitas vezes, tudo o que se relaciona à vagina – o conhecimento da sua existência, as sensações vaginais e as tendências instintivas – sucumbe diante de uma repressão inexorável; em resumo, a ficção da inexistência da vagina é concebida e sustentada durante muito tempo [...] Resta considerar a questão da importância da existência das primeiras sensações vaginais ou da "descoberta" da vagina em toda nossa concepção da sexualidade feminina precoce (Horney, 1991, p. 158).

Karen Horney indica que, no pensamento de Freud, o desconhecimento da vagina é um dos argumentos fundamentais que sustentam a

---

[23] O clitóris é um órgão sexual da fêmea humana, extremamente sensível e vascularizado que compõe a região da vulva, tendo como exclusiva finalidade a obtenção de prazer. Grande parte da sua estrutura anatômica é interna, portanto, invisível a olho nu. O corpo do clitóris é composto pela glande do clitóris (parte externa), os ramos do clitóris e os bulbos vestibulares (partes internas).

[24] No relato de suas pacientes, a psicanalista foi capaz de identificar: "nítido orgasmo vaginal, provocado por masturbação manual antes do coito; [...] sensações vaginais espontâneas, a maioria com notável secreção, surgidas em situações inconscientemente estimulantes, tais como ouvir música, dirigir automóvel, dançar, ter os cabelos penteados por alguém, e certas situações de transferência; Sensações vaginais espontâneas provocadas por masturbação extragenital, por exemplo, certos movimentos do corpo, cordões apertados, ou determinadas fantasias [...]" (Horney, [1933] 1991, p. 151).

importância da inveja do pênis nos desdobramentos da sexualidade feminina. Em comparação com a parte visível do clitóris, o pênis se exalta no imaginário da criança. Por outro lado, se levarmos em consideração que desde muito cedo a menina experimenta sensações vaginais prazerosas, e que o clitóris possui uma estrutura sensível e excitatória muito maior do que a sua parte aparente, estrutura anatômica que é estimulada por meio do contato com a vulva e com a parte interior da vagina, a concepção de Freud sobre a centralidade da inveja do pênis para a sexualidade feminina torna-se bastante questionável. Nesse sentido, ela pode sentir, ainda que não possa ver.

A autora considera extremamente importante distinguir as características específicas do desenvolvimento sexual e mental da mulher[25], para além dos vieses interpretativos e dos preconceitos socialmente arraigados a respeito das subjetividades masculinas ou femininas. Logo, de maneira pioneira e partindo da sensibilidade do corpo, a autora defende a dignidade do clitóris enquanto órgão específico[26] para obtenção de prazer no sexo feminino e a percepção erótica — desde a infância — da existência da vagina, em seu "papel sexual próprio e adequado" (Horney, 1991, p. 155), como elementos fundamentais no desenvolvimento psicossexual feminino.

Junto a isso, Horney pontua as implicações da cultura patriarcal para constituição das subjetividades. Em sua obra, que se diferencia radicalmente da tradição masculina do pensamento filosófico e científico ocidental, o sexo feminino está presente.[27]

---

[25]   Karen Horney usa o termo "mulher" como sinônimo para a fêmea humana, como era o comum em sua época e ainda nos dias atuais, mas hoje já temos bem estabelecido nos estudos de psicanálise e de gênero que uma pessoa pode ter o sexo feminino, mas não se perceber subjetivamente como mulher, ou vice-e-versa.

[26]   "Foi Josephine Lowndes Sevely que, no ano de 1987, publicou um estudo que descreve detalhadamente cada parte que compõe o que conhecemos como clitóris [...]" (San Martin, 2019, p. 45).

[27]   O historiador Thomas Laqueur aponta como a teoria do sexo único prosperou ao longo da história do pensamento ocidental. Nela, o modelo referencial, não apenas para o sexo, mas para toda a anatomia corporal do ser humano, é o molde do corpo masculino. A vagina só apareceu nos registros médicos contendo sua anatomia própria, como um tubo ou bainha, em meados do século dezoito. Até lá, era representada, assim como foi pelos médicos gregos e romanos, como uma introversão da estrutura peniana. Antes do Iluminismo, o sexo, ou melhor dizendo, o aparato sexual e todas as funções orgânicas ligadas a ele, não estavam em primeiro plano, mas a categoria social relativa ao sexo, ou seja, o gênero, manifestava sua enorme importância. Segundo Laqueur, ambos, sexo e gênero, existiam em um "modelo de sexo único", referente, como vimos, ao modelo do sexo/gênero masculino. "Ser homem ou mulher era manter uma posição social, um lugar na sociedade, assumir um papel cultural, não ser organicamente um ou o outro de dois sexos incomensuráveis" (Laqueur, 2001, p. 19) Entretanto, foi apenas quando as diferenças nos papéis de gênero (entre atuar como homem ou mulher na sociedade) foram adquirindo maior importância política, que as distinções anatômicas e fisiológicas entre os sexos passaram a ganhar destaque no território científico. Sendo assim, "o sexo, tanto

2.3 FANTASIAS EDIPIANAS E COMPLEXO DE MASCULINIDADE

Para Horney, as fantasias sexuais edipianas, ligadas ao temor de ferimentos internos, "demonstram que a vagina, tanto quanto o clitóris, tem papel na organização genital infantil inicial das mulheres" (Horney, 1991, p. 62). Entretanto, as fantasiais edipianas aliadas à impossibilidade de enxergar o órgão sexual (diferente do que acontece com o menino que pode visualizar a existência do seu membro exterior) podem levar a experiências da ansiedade genital e ao refúgio em um papel fictício masculino, oriundo da identificação com o pai. Nesse sentido, a menina pode sentir a presença do seu órgão genital, mas não tem a possibilidade de vê-lo, o que facilitaria a experiência da angústia, aliada ao fato de desconhecer algo sobre o seu próprio sexo.[28]

> A masculinidade fictícia permitia à menina fugir do papel feminino agora carregado de culpa e ansiedade. Esta tentativa de desviar-se do próprio caminho para seguir o do homem provoca, inevitavelmente, sentimento de inferioridade, pois a menina começa a se medir pelas pretensões e valores estranhos à sua natureza biológica específica e, confrontando-se com eles, não pode deixar de se sentir desajustada (Horney, 1991, p. 63).

Nessa via, a identificação com o pai seria uma espécie de fuga dos desejos direcionados a ele pela aquisição de uma atitude masculina, em uma "ficção do papel masculino"[29] (Horney, 1991, p. 75). Assim, segundo Horney, a menina se protegeria da culpa e da ansiedade relativas ao amor edípico. E a psicanalista vai além ao afirmar que os motivos para a fuga para o papel masculino, que tem origem no complexo de Édipo — "reforçam-se e baseiam-se na real desvantagem em que as mulheres atuam na

---

no mundo de sexo único como no de dois sexos, é situacional: é explicável apenas dentro do contexto da luta sobre gênero e poder" (Laqueur, 2001, p. 23).

[28] "Acontece, ocasionalmente, que, ao se apresentar angústia geral quanto a consequências lesivas da masturbação, a paciente tem sonhos com o seguinte conteúdo; ela está costurando ou bordando com uma agulha quando, de repente, surge um buraco, e ela se sente envergonhada por isso; ou está atravessando um rio ou um abismo e, subitamente, a ponte, a ponte parte-se ao meio; ou, ainda, ela caminha por uma ladeira escorregadia quando começa a escorregar com perigo de cair num precipício. Podemos conjecturar, a partir desses sonhos, que estas pacientes quando crianças, entregues ao prazer onanista, foram levadas pelas sensações vaginais a descobrir a própria vagina, tendo sua angústia tomado a forma do medo de terem feito um buraco onde não deveria haver" (Horney, [1933], 1991, p. 153).

[29] A ideia de ficção, nesse caso associada a uma representação de papel sexual, remete a noção de performance de gênero, marca do pensamento contemporâneo de Judith Butler. No Ocidente, desde a Grécia Antiga, a representação de papéis ficcionais de gênero era ligada ao teatro na pólis.

vida social [...] não devemos esquecer que esta desvantagem é um dado real e muitíssimo maior do que têm consciência as mulheres" (Horney, [1926] 1991, p. 65).

Questiono, afinal, qual seria a real desvantagem aqui mencionada? Pensando com Simmel (que entende a força física como um dos elementos primordiais da dominação masculina) em uma constante interação entre fatores biológicos, psíquicos e sociais, Karen Horney pontua que, desde o nascimento, a menina é exposta a situações que apontam para a superioridade do sexo masculino, o que estimula o seu complexo de masculinidade. "Nossa cultura, como se sabe muito bem, é masculina e, portanto, de modo geral, desfavorável à expansão da mulher e de sua individualidade" (Simmel *apud* Horney, 1960, p. 78).

Por exemplo, em culturas patriarcais que lidam com a sexualidade de forma menos reprimida do que a cultura europeia moderna é possível identificar o culto ao falo "ao qual atribuem grau divino e poder milagroso" (Horney, 1991, p. 73).[30] Em culturas patriarcais modernas, "a gritante preferência de que goza um irmão, por exemplo, pode contribuir para a instalação de fortes desejos masculinos na menina" (Horney, 1991, p. 74).

Ademais, a psicanalista pontua que, na infância, as meninas ainda não são capazes de perceber em si mesmas as potencialidades de satisfação do seu próprio sexo e, em especial, as características ligadas ao seu poder inigualável no processo reprodutivo da espécie humana; o que também favorece a expressão do complexo de masculinidade nas crianças. Já na fase adulta "não importa o quanto a mulher enquanto indivíduo seja estimada como mãe e amante; é sempre o homem que será considerado de mais valor no campo humano e espiritual" (Horney, 1991, p 78).

2.4 A DANÇA DA SERPENTE

Há mais de três anos eu parei de usar métodos anticoncepcionais e deixei a dança do ciclo rítmico hormonal acontecer naturalmente no meu corpo biológico. A cada ciclo menstrual, sinto me transformando e, em um movimento cósmico, minha mente, emoções e espírito também dançam. Não existe mais separação entre os astros e o meu corpo. Durante o processo de escrita, observo as mudanças de humor e principalmente as diferenças na minha disposição e energia para o trabalho.

---

[30] Na Índia, por exemplo, o falo de Shiva (Shiva lingam) é adorado em rituais onde o símbolo do pênis é banhado com leite e a ele são oferecidas as oferendas.

Durante o período fértil, costumo sentir um extremo prazer erótico ao escrever. Em alguns momentos, sinto meu sexo pegando fogo. Quando a menstruação está chegando, me sinto mais cansada e indisposta para o trabalho intelectual. Tenho vontade de apenas ler e me jogar no sofá, às vezes choro, me sentindo sobrecarregada. No primeiro dia da menstruação, percebo cólicas tão intensas que tenho a nítida sensação de que vou desmaiar. A minha pressão arterial baixa e eu não consigo fazer mais nada. Tomo um remédio e espero fazer efeito. Quando a dor está quase insuportável, ligo para minha mãe e conversamos para me distrair. Ela reza para Nossa Senhora interceder enquanto eu grito de dor. Como em um ato de fé e mágica, a oração ajuda a diminuir as dores. Quando passam as contrações, sinto o meu corpo relaxar e entro em um estado de relaxamento e sono profundo.

Em alguns meses é assim, em outros não, não existe uma regra, ainda que seja um ciclo que se repete a cada mês. Durante os dias de sangramento, os tons do vermelho que escorrem de mim mudam. Do marrom, o sangue vai ao rosa, depois vem o vermelho intenso... pequenos glóbulos densos da cor do vinho se destacam, pulando do meu corpo com força... e novamente surge o marrom e o rosa.... não existe uma ordem orgânica totalmente estável. As cores mudam, os tons de marrom-rosa-vermelho-vinho se mesclam e se revezam como os tons do pôr do Sol no céu.

Para diversos povos ancestrais, assim como para o ser humano contemporâneo, a menstruação é um tabu ligado à função reprodutiva da fêmea.[31] Mas o que é a menstruação para as fêmeas humanas?

Como ensina Horney (1931), na metade do ciclo menstrual um óvulo maduro é liberado por um dos ovários, a membrana que envolve o folículo se rompe e o óvulo viaja pela trompa de falópio até se refugiar no útero. As membranas rompidas viram o corpo lúteo; que, por sua vez, tem função de uma glândula endócrina, secretando uma substância que chamamos de hormônio estrogênio. O estrogênio atua no útero de modo

---

[31] "Nas comunidades ancestrais, toda a vida da mulher gira em torno das mudanças regulares do seu ciclo fisiológico. Períodos de trabalho em casa e na comunidade, de convívio social com os vizinhos e de relacionamento conjugal com o marido alternam-se com períodos de reclusão. Em intervalos regulares ela é obrigada a sair sozinha; ela não pode cozinhar, nem cuidar do terreno cultivado, nem passear; ela está impedida de realizar qualquer uma de suas tarefas habituais; ela é compelida a ficar sozinha, a mergulhar em si, a ser introvertida. Os antropólogos, que, por norma, estão mais interessados nos costumes de uma tribo do que na psicologia dos indivíduos, não perguntaram quais os efeitos que esses costumes têm sobre as próprias mulheres. No entanto, esta reclusão periódica deve ter tido inevitavelmente um efeito profundo na relação da mulher com a vida" (Harding *apud* Rich, [1986], 1995, p. 104, tradução nossa).

que a membrana mucosa que reveste o seu interior se prepara para uma gravidez: ela se torna esponjosa e as glândulas ali presentes ficam repletas de secreção. Se não houver a fertilização, as camadas mais superficiais da membrana uterina são descoladas, as substâncias para o desenvolvimento do embrião são expelidas e o óvulo morto é expulso junto com o sangramento menstrual. A seguir, a membrana recomeça o processo de regeneração.

O hormônio estrogênio provoca alterações sistêmicas: na vagina, nas mamas, no sangue, na pressão arterial, no metabolismo e na temperatura corporal. "Em vista da extensão desses efeitos, falamos de um grande ciclo rítmico na vida das mulheres, cujo significado biológico é a preparação mensal para o processo de procriação" (Horney, 1991, p. 99).

É evidente que, desde que Karen Horney escreveu o texto sobre a tensão pré-menstrual, a ciência já avançou muito nas descobertas sobre o funcionamento orgânico e sistêmico do ciclo menstrual. O que nos chama a atenção aqui é como ela parte da descrição do acontecimento biológico para pensar os conflitos psíquicos e inconscientes.

> O conhecimento desses fatos biológicos por si só não nos dá informação alguma quanto ao conteúdo psicológico das tensões pré-menstruais, porém, mesmo assim, é indispensável para a sua compreensão, porque determinados processos psicológicos caminham paralelos aos físicos, ou são causados por eles (Horney, 1991, p. 99).

A capacidade de pensar em nuances, respeitando a complexidade, sem excluir a dimensão biológica, sendo capaz de apontar os seus limites e adicionar as variâncias relativas ao campo psíquico e inconsciente, é uma característica valiosa que a psicanalista compartilha com Freud. De acordo com a sua experiência clínica, relata que as evidências mostram que a tensão pré-menstrual (que pode causar uma série de sintomas como graus variados de tensão, humor deprimido, desânimo, apatia, sentimentos de desvalorização, dores múltiplas etc.) costuma aparecer de forma distinguida da histeria de conversão, mas comumente se manifesta em casos em que há um conflito inconsciente com o desejo de ser mãe.

Cita o caso de uma paciente que sofria de tensão pré-menstrual intensa e que expressava o grande desejo de tornar-se mãe, acompanhado de uma angústia e um medo intensos relacionados as fases do processo de gerar e criar uma vida no seu corpo: desde o ato sexual, a gravidez, até o parto, seguindo os primeiros meses e anos de dependência da criança. Para Horney, uma mulher, frente ao desejo de tornar-se mãe, manifesto biologicamente pelos processos orgânicos em seu corpo, com seus conflitos inconscientes e suas angústias frente a tal possibilidade, pode experimentar o aumento das tensões pré-menstruais.

> Aparentemente, estas tensões podem ocorrer nos casos em que o desejo de ter um filho foi intensificado pela experiência real, mas que a verdadeira realização se tornou impossível por algum motivo. O fato de que o aumento da tensão libidinal não é o único responsável revelou-se evidente para mim na observação de uma mulher cujo sentimento de maternidade era fortemente desenvolvido, mas cheio de conflitos (Horney, 1991, p. 102).

Em texto apresentado na Sociedade Ginecológica de Chicago em 1932, a doutora introduz os aspectos emocionais ligados ao desenvolvimento de distúrbios do aparelho reprodutivo, entre eles as dores menstruais intensas, chamadas de dismenorreia. As causas para os distúrbios ginecológicos são diversas (envolvendo principalmente aspectos biológicos e psíquicos) e, se tratando dos aspectos emocionais, eles são também multifatoriais. Como sabemos, não é possível isolar um conteúdo emocional de outros conteúdos latentes que estejam possivelmente a ele associados na história da vida da paciente em questão.

Em sua abordagem, assinala que é a história de vida que permite compreender as relações existentes entre os sintomas e as forças afetivas presentes na estrutura emocional da pessoa analisada. "Até onde posso ver, existe apenas uma escola psicológica que oferece esse insight com maior grau de exatidão científica — a psicanálise" (Horney, 1991, p. 160). Nesse sentido, apenas o estudo minucioso da história de vida permitiria a compreensão dos sintomas em seus aspectos dinâmicos, físicos, emocionais, psíquicos e sociais.

Em sua clínica, Karen percebeu que as pacientes que a procuravam apresentando quadros neuróticos — como estados de angústia variados, depressões, inibições — geralmente apresentavam também distúrbios funcionais do sistema reprodutor: frigidez, vaginismo, dismenorreia, distúrbios menstruais, dores múltiplas etc.[32] Os sintomas apresentados

---

[32] Hoje é reconhecido pela ciência que os períodos menstrual e pré-menstrual podem ser caracterizados por depressão, ansiedade e explosões de raiva. A retenção de água e a flutuação hormonal podem contribuir com a sua parte, mas também existem fatores psíquicos e culturais.

de modo geral não apresentavam causalidade orgânica e podiam ser, portanto, atribuídos a causas psicogênicas.

No caso da dismenorreia e dos distúrbios menstruais, Karen pontua que "o equivalente psíquico do que se processa fisicamente nos órgãos genitais é o aumento da tensão libidinal". Algumas mulheres enfrentam o processo sem dificuldades. "Mas há mulheres que mal conseguem equilibrar-se e, para elas, este aumento da tensão libidinal é a gota d'água que faz transbordar o corpo" (Horney, 1991, p. 169).

Ao compartilhar com os ginecologistas os aprendizados oriundos de sua experiência, sugere que estes teriam muito a contribuir com o avanço da ciência se eles pudessem adicionar a sua visão médica à perspectiva da Psicanálise, e vice-versa. "O fato de que alterações físicas possam ser provocadas por estímulos psíquicos está fora de dúvida desde que Pavlov em suas experiências colocou isto em base empírica" (Horney, 1991, p. 159). O estudo sistemático do sistema nervoso central e do periférico demonstra a conexão entre ambos. Entretanto, a postura médica responsável precisa avaliar os fatores orgânicos e constitucionais com precisão, para não cair no que a autora chama de "pseudoexatidão". Desse modo, Horney finaliza o seu discurso à Sociedade Ginecológica de Chicago com uma orientação bastante sensata à comunidade médica:

> Contudo, parece-me haver ainda outra forma de o ginecologista conseguir pelo menos perceber a evidência da correlação específica de certos fatores emocionais e distúrbios funcionais. Se fosse dedicado tempo e atenção às pacientes, no mínimo, algumas delas revelariam seus conflitos muito facilmente. Creio que esta maneira de proceder poderia ter até algum valor terapêutico imediato [...]. Há apenas uma restrição a esta possibilidade que é preciso entender: é necessário profundo conhecimento psicológico se desejamos evitar erros; principalmente aqueles que podem despertar emoções com as quais não teremos capacidade de lidar (Horney, 1991, p. 171).

No século IV antes de Cristo, em Atenas, existiu uma mulher chamada Agnodice. Seu desejo era estudar Medicina, o que era proibido para as mulheres. Logo, ela se vestiu como homem e foi para Alexandria em busca de realizar o seu sonho. Lá, ela estudou com os maiores professores da época e retornou a Atenas, onde se dedicou ao cuidado integrativo da saúde das mulheres e ao exercício de parteira. Conta a história que um dia ela foi descoberta e, então, foi decidido que ela seria julgada pela corte de homens por exercer a Medicina, o que lhe era proibido enquanto mulher. As mulheres de Atenas, suas pacientes, se uniram e disseram que, se Agnodice fosse condenada, elas deixariam os seus lares. É evidente que Agnodice continuou exercendo a sua profissão, ajudando a dar luz à muitas vidas.

Ao longo da Antiguidade e da Idade Média, muitas mulheres se dedicaram ao cuidado feminino e ao ofício de parteira de maneira informal. Elas conheciam as plantas, as ervas e os seus poderes terapêuticos. Também conheciam as rezas e os cantos mágicos. Com o fortalecimento da Medicina como ciência, exercida por homens e aliada ao poder da Igreja, essas mulheres passaram a ser perseguidas como bruxas.

Hoje, as mulheres ocupam os lugares nas faculdades de Medicina, mas aprendem uma ciência que foi, ao longo de séculos, dominada pelo pensamento masculino. Os corpos das mulheres são vistos pelas lentes de sujeitos que, na maior parte das vezes, não entendem a complexidades de seus processos orgânicos, psicológicos, históricos e sociais. O cuidado da saúde integral feminina, realizado por muitas mulheres, tem uma tradição milenar, que remonta a figuras históricas como Agnodice.

Como ensina Pabla Perez San Martin (2019), em diferentes culturas ao longo da História, a serpente foi um símbolo da criação da vida e dos ciclos vitais. Também aparece ligada aos ritmos biológicos do corpo feminino, a sexualidade e ao erotismo. É curioso que a serpente seja também a representação usada no emblema da Medicina. Atualmente, muitas médicas, parteiras e inclusive psicanalistas fazem jus à história humana do cuidado feminino e ao símbolo da serpente.

2.5 O MEDO DO SEXO FEMININO

Como indica Horney (1930), algumas atitudes típicas dos homens em relação às mulheres[33] podem ser observadas em diferentes momentos da História e em diversas culturas, não apenas no âmbito da esfera sexual propriamente dita, mas também em outros aspectos da vida comum.

O exemplo paradigmático de Adão e Eva, presente no Antigo Testamento, manifesto da cultura judaica, é uma referência incontornável para pensar os elementos estruturais da tradição patriarcal. Até os dias

---

[33] Já indicamos que a autora equivale homens e mulheres a pessoas do sexo masculino e do sexo feminino, respectivamente.

atuais essas estruturas se refletem na religião monoteísta, na qual há apenas um Deus, o que produz efeitos na moral e nos costumes sociais.

No mito, o poder feminino de dar à luz é subtraído de Eva, que é criada a partir de uma das costelas de Adão. É Eva, ainda, quem traz a marca da tentação sexual, representada pela serpente, e pela desobediência à proibição de comer a fruta da sabedoria, representada pela maçã. Logo, a psicanalista pontua que "o medo que o homem sente da mulher está profundamente enraizado no sexo [...]" (Horney, 1991, p. 110). Principalmente durante o seu período de vida fértil, as mulheres e as suas sexualidades são cercadas por inúmeros tabus.

> Em algumas culturas primitivas, a mulher idosa pode representar a voz decisiva nas questões da tribo; entre as nações asiáticas, também goza de grande poder e prestígio. Por outro lado, nas tribos primitivas a mulher é cercada de tabus durante todo o período de sua maturidade sexual. As mulheres da tribo Arunta são capazes de influenciar magicamente os órgãos genitais masculinos. Se cantam para uma folha de grama e a apontam em seguida para um homem ou a lançam sobre ele, este homem adoece ou perde seu órgão genital. As mulheres o seduzem para a sua perdição. Numa tribo da África oriental, marido e mulher não dormem juntos, porque o hálito dela pode enfraquecê-lo. Se uma mulher de uma tribo da África do Sul subir na perna de um homem adormecido, ele não poderá mais correr; daí a regra geral de abstinência sexual durante período de dois a cinco dias antes da caçada, da guerra ou da pesca. As mulheres menstruadas estão envoltas em tabus — o homem que as tocar morre. Existe apenas um pensamento básico sustentando tudo isto: a mulher é ser misterioso que se comunica com os espíritos e, portanto, possui poderes mágicos que pode usar contra o homem. Ele, por conseguinte, deve proteger-se desses poderes mantendo-a subjugada (Horney, 1991, p. 110-111).

Recorrendo aos exemplos de diferentes culturas, Horney demonstra que o medo e a desconfiança das mulheres não é um fenômeno isolado na cultura da modernidade ocidental. O medo da força reprodutiva das fêmeas humanas se expressa por meio de diversos tabus na civilização patriarcal. Dessa forma, "ela é impedida de ter acesso às grandes realizações pelas deploráveis e sangrentas tragédias da menstruação e do parto" (Horney, 1991, p. 112) e a atitude dos homens em relação a maternidade é bastante complexa.

Por um lado, os homens admiram e respeitam o poder milagroso de engendrar a vida, invocado pela adorada Mãe divina ou pelos antigos cultos às deusas; elas são as responsáveis pela fertilidade em suas diferentes manifestações, pela abundância dos frutos da terra, sendo elas que alimentam o solo e as plantas e dão vida aos diversos seres da natureza. Por outro lado, eles se ressentem por não possuírem semelhante poder biológico, o de gerar a vida em seus corpos, e sentem ainda mais pela desconfiança em relação à sua participação na geração dos filhos criados. Nos primórdios, nada garantia quem era de fato o pai biológico de uma criança. Marcar a criança com o seu nome de família ou o nome de seu clã, era a única forma de garantir sua paternidade.

O medo da morte também aparece associado ao temor do feminino em diversas culturas. "Nos contos de fadas africanos, é a mulher que traz a morte ao mundo. As grandes deusas mães também trouxeram a morte e a destruição. É como se estivéssemos possuídos pela ideia de que quem dá a vida também é capaz de tomá-la de volta" (Horney, 1960, p. 115). Os homens não se cansam de produzir termos violentos para expressar a atração que sentem pelas mulheres, e junto a esse desejo, "o medo de que por seu intermédio possam morrer ou ser destruídos" (Horney, 1960, p. 132).

Não raro é que sejam as águas — elemento associado ao feminino em razão do abrigo úmido e primordial no ventre materno — que engulam o herói e o façam sucumbir. É notável que "Ulisses teve que pedir aos marinheiros que o amarrassem ao mastro do barco para escapar à tentação e ao perigo representado pelas sereias" (Horney, 1960, p. 132).

O encantamento e o perigo da voz feminina são simbolizados pelas sereias que cantam e, assim, arrastam os marinheiros para a morte; nesse sentido, também se destaca a figura mitológica da Esfinge. O canto melódico dessas criaturas sedutoras e perigosas possui forte associação com o cantarolar materno, que caracteriza a relação pré-verbal com o *infans*.

> A deusa Kali dança sobre os corpos dos homens assassinados. Sansão, que homem algum podia vencer, é privado de sua força por Dalila. Judite corta a cabeça de Holofernes após entregar-se a ele. Salomé carrega a cabeça de São João Batista numa bandeja. As bruxas são queimadas porque os padres temem que seja obra do demônio [...]. A série de exemplos deste tipo é infinita; sempre, em qualquer lugar, o homem luta para se livrar do medo das mulheres, materializando-o (Horney, 1960, p. 132-133).

Karen Horney considera interessante o fato de que o medo que o homem sente da mulher seja tão pouco explorado pelos pesquisadores em Psicanálise. Para ela, os homens possuem suas razões defensivas para não quererem saber nada disso, mas o mais curioso é que as próprias mulheres parecem ignorar o fato que se demonstra de maneira tão evidente e repleta de exemplos nas mitologias coletivas e nas neuroses individuais. As tendências de diminuir e menosprezar as mulheres surgem associadas a esse temor recalcado.

Logo, eles pensam que "é absurdo temer uma criatura que, sob todos os pontos de vista, é coisinha tão insignificante" (Groddeck *apud* Horney, 1960, p. 134). A misoginia seria uma defesa narcísica do macho perante o medo ressentido pelo sexo feminino. Essa defesa causa o alívio da ansiedade ligada ao medo inconsciente e tem a função de ajudar a manter intacto o amor-próprio.

Em um prisma, o medo da vagina está associado ao temor da castração. Horney parece estar de acordo com a ideia freudiana de que o temor de ser castrado viria depois de se deparar com a existência da genitália feminina. Entretanto, para ela, o superinvestimento narcísico no órgão fálico seria uma tentativa de conservar o amor-próprio frente ao sexo feminino. Sendo assim, o desejo e o temor andam juntos frente "a existência da abertura especificamente feminina" que resta, em parte, desconhecida para o outro sexo. "Uma abertura [...] que ele mesmo não tem" (Horney, 1960, p. 138). Somado ao temor da castração infantil, prevalece o mistério a respeito da origem da vida.

> Se o homem adulto continua a ver a mulher como um grande mistério, em quem existe algum segredo que ele não pode adivinhar, este seu sentimento, em última instância, só pode se relacionar a uma coisa nela: o mistério da maternidade. Tudo mais é meramente um resíduo do medo que sente disso (Horney, 1960, p. 139).

A psicanalista argumenta que o menino se sente ferido em seu narcisismo pelas proibições em suas satisfações eróticas e ao perceber o seu sexo genital muito pequeno em relação ao sexo do pai e ao corpo da mãe, no caso, ao corpo da mulher desejada. Desse modo, a experiência infantil produz consequências psíquicas, pois Horney afirma que, de acordo com sua prática clínica, "o medo de ser rejeitado e ridicularizado é elemento típico da análise de qualquer homem, não importando sua mentalidade nem a estrutura de sua neurose" (Horney, 1960, p. 141-142).

O investimento elevado no membro viril, típico da masculinidade, seria uma resposta do sujeito ao medo de ser rejeitado pela mãe, primeira representante do outro sexo para ele. Sendo assim, as relações com as outras mulheres trazem esta marca: a "cicatriz narcísica deixada pela relação do menino com sua mãe", fazendo com que o homem se sinta "obrigado a estar sempre provando a masculinidade diante da mulher" (Horney, 1960, p. 143). Segundo a experiência clínica da autora, o homem médio busca mulheres infantis e dependentes, que não ameaçam a sua frágil masculinidade.

Na perspectiva horneyana, a atitude espontânea, bissexual e experimental das crianças em relação aos corpos se manifesta em ambos os sexos. Entretanto, o medo típico do sexo masculino, caracterizado pelo temor da castração, "é em grande parte a reação do ego ao desejo de ser mulher" (Horney, 1960, p. 142), pela via da identificação materna; desejo tão bem evidenciado na inveja da maternidade e no desejo de possuir seios e de dar à luz a filhos.

2.6 A INVEJA DA MATERNIDADE

Vamos direito ao ponto K?

A hipótese de Karen Horney para o surgimento do patriarcado é a seguinte: como forma de compensar a inveja da maternidade[34], os homens estabeleceram a dominação simbólica masculina, criando os valores nos quais podem se espelhar e se reconhecer. "E criou os valores dos quais pudesse orgulhar-se. O estado, a religião, as artes e as ciências são criações suas, e toda a nossa cultura traz a marca masculina" (Horney, 1960, p. 113). [35]

Sendo assim, podemos notar que a ideia de Horney se articula com a abordagem de Rivers (citada por Freud e mencionada no primeiro capítulo) que entende a criação da cultura, pela via do totemismo, como fruto do espírito feminino, a partir do desconhecimento a respeito da

---

[34] A autora equivale a maternidade ao fato de ser mãe biológica. Aqui, consideramos importante distinguir a mãe biológica da função social da maternidade. Pois não necessariamente a mãe biológica exercerá a função social da maternidade. A partir de seu ensino, podemos distinguir o poder biológico de gerar a vida e o poder cultural da criação dos filhos; poderes distintos que a autora engloba em apenas um.

[35] Nesse momento, a autora parece não levar em conta a participação feminina nas criações simbólicas, no campo das artes, das ciências, das religiões etc.; participação historicamente ocultada pelo semblante da masculinidade. Nesse ponto, como demonstra a história com numerosos exemplos, a marca masculina muitas vezes funcionava como codinome para poder haver a publicação da obra e o reconhecimento social.

participação dos machos no processo de reprodução sexual. A dominação simbólica do macho, conhecida com o patriarcado, seria, portanto, uma resposta sintomática à sua insegurança sobre o seu papel na geração da vida humana.

O pensamento da psicanalista acontece em diálogo direto com as contribuições da antropóloga feminista Margareth Mead, que buscava compreender os papéis sociais de cada sexo em tribos originárias a partir de suas diferentes funções no processo reprodutivo. De que maneira o fato de que a sua participação na reprodução da espécie — implicada somente em um ato pontual — determina suas outras funções sociais? Ou, por outro lado, quais são as consequências sociais de ter o seu corpo implicado no processo reprodutivo da espécie por nove meses, e ainda mais, durante o período de amamentação?

Mead, que mergulhou em vivências e estudos sobre culturas originárias em ilhas do Pacífico, identificou entre elas uma prática ancestral em comum. Nessas sociedades, onde o papel sexual do macho humano na reprodução é incerto, fundou-se um rito iniciatório para marcar a sua passagem à função social da paternidade. Ela aponta:

> No nosso modo de vida ocidental, a mulher, saída da costela do homem, pode no máximo imitar sem sucesso o poder superior e as altas vocações masculinas. No entanto, o tema básico do culto iniciatório é o de que as mulheres detêm os segredos da vida, em virtude de sua capacidade de gerar crianças. O papel do homem é incerto, indefinido e talvez desnecessário. Com grande esforço, o homem conseguiu um método de se compensar desta inferioridade básica (Mead, 2020, p. 171).

Nesse ritual iniciatório, os machos reproduzem performaticamente as características reprodutivas do sexo feminino (da menstruação, da gravidez, do parto e da amamentação), marcando, assim, sua passagem ao estatuto simbólico da paternidade. Como indica a antropóloga, não há nada no corpo do macho que indique a sua paternidade, diferente do que acontece no caso da maternidade. Portanto, diferentemente do que acontece no caso da mãe, somente a representação simbólica pode conferir um estatuto simbólico e social ao pai.

Entretanto, pontua Horney, como a prática clínica demonstra, até mesmo as maiores sublimações, por meio das realizações culturais, não substituem totalmente a satisfação pulsional da experiência vivida. Desse modo, ficou um "resíduo óbvio do ressentimento em geral dos homens contra as mulheres" devido à satisfação pulsional ligada à experiência da maternidade.

> Esse ressentimento se manifesta, na nossa época, em mano-bras defensivas e desconfiadas dos homens contra a invasão feminina em seus domínios [...]. Esta atitude não encontra expressão apenas nas teorias científicas; suas consequências projetam-se em todo o relacionamento entre os sexos e na moral sexual (Horney, [1930] 1960, p. 113).

Se, para Freud, a civilização patriarcal teria origem no assassinato do pai da horda primitiva, tendo as fêmeas humanas ocupado o papel de objetos sexuais na formação de sociedades dirigidas por machos; para Horney, é a inveja da maternidade que levou os machos humanos a se organizarem socialmente para a dominação simbólica, por meio das sublimações culturais. A partir da concepção de Horney, podemos refletir que a inveja da maternidade está no fundamento da cultura patriarcal e de seu funcionamento simbólico.

Mas não foi sempre assim! Houve um momento em que as fêmeas humanas, e a fertilidade associada ao seu poder biológico, ocupavam lugar de destaque na coletividade. As figuras de deusas mães,[36] encontradas por arqueólogos do paleolítico e do neolítico, simbolizam a valorização e veneração das características do sexo feminino e suas potencialidades criativas, biológicas, simbólicas, sociais e culturais.[37]

---

[36] Segundo Donna Wilshire, as deusas de diferentes culturas indo-européias, com seus diversos atributos, derivam do mito original da Grande Deusa Mãe. Ainda, como indica a autora: "Muito da religião de Zeus-Apolo (deuses do céu, pai e filho) e da sacralidade da epistemologia tradicional surgiu especificamente para se opor à autoridade e sabedoria inerente dessa Deusa" (Wilshire, 1997, p. 118). A Grande Deusa Mãe, percebida na totalidade das experiências humanas, naturais, culturais e cósmicas, era louvada nas expressões de sua Unicidade e Multiplicidade. Nesse contexto, os povos arcaicos "viam os corpos das mulheres ritmicamente sincronizados com os céus, as mulheres eram consideradas seres com sabedoria e autoridade, tanto na comunidade terrestre como na esfera sagrada" (Wilshire, 1997, p. 118).

[37] As figuras das Vênus do Paleolítico (entre elas a Willendorf, Renancourt, entre tantas outras) revelam detalhes anatômicos do sexo feminino possivelmente após a gravidez. Seios e ventre fartos com quadris proeminentes. Essas esculturas representam os ideais de abundância associados aos seus corpos férteis. Os estudos de paleontólogas e antropólogas feministas contemporâneas demonstram que "a dominação mascu-lina foi construída, ela não é intrínseca a humanidade" (Pathou-Mathis apud Cirotteau; Kerner; Pincas, 2021, p. 30, tradução nossa), pois a participação ativa das fêmeas humanas e suas qualidades culturais ligadas à cooperação estão na base da construção da vida em sociedade. "Esta pesquisa em antropologia lança uma nova luz sobre o que nos fez ser o que somos. Na base da nossa humanidade, foi, portanto, a empatia, a partilha e a colaboração que permitiram o desenvolvimento da nossa espécie, da nossa inteligência, da nossa cultura e dos nossos intercâmbios" (Cirotteau; Kerner; Pincas, 2021, p. 30, tradução nossa).

Segundo Horney, a ênfase dada por Freud à diferença genital entre os sexos deixa de considerar como relevantes outras grandes diferenças biológicas no processo da reprodução humana. Mas ao que poderia ser atribuída essa ênfase na diferença dos órgãos genitais? Ora, se o órgão do sexo masculino é externo e aparente e o órgão do sexo feminino é interno e escondido, podemos pensar com a autora que existe uma preponderância imaginária do primeiro sobre o segundo. Mas ela sustenta que, no que tange a participação ativa na reprodução da espécie, a realização maior está no sexo feminino.

Tal acontecimento biológico extremamente complexo — do encontro dos gametas à formação do embrião, passando pelo desenvolvimento do feto até chegar a um bebê formado — é ocultado pela prevalência da diferença anatômica entre os sexos. Assim, na teoria genital de Ferenczi, "a influência do ponto de vista masculino na concepção da maternidade revela-se com muita clareza [...]" (Horney, 1991, p. 56).

Para o autor, o estímulo para o coito, em ambos os sexos, está no desejo de retornar ao útero materno. Contudo, em sua perspectiva, o desejo para o coito e a satisfação obtida dele é muito maior para aquele que penetra do que para aquela que é penetrada. A mulher obteria a sua satisfação sexual mais intensa somente no momento do parto, ao dar à luz. Afirmação que leva Horney a se questionar.

> Agora, como mulher, pergunto atônita: e a maternidade? A bem-aventurada consciência de trazer dentro de si uma nova vida? E a inefável alegria da expectativa do surgimento deste novo ser? E a felicidade quando ele finalmente surge e o seguramos pela primeira vez em nossos braços? E a intensa sensação de prazer em amamentá-lo e a alegria durante todo o período em que a criança precisa dos nossos cuidados? (Horney, 1991, p. 56).

Nesse momento, observamos que Karen Horney traz sua experiência pessoal com o processo de tornar-se mãe. Sem generalizar a questão, ela introduz uma série de perguntas que apontam para a sua posição subjetiva, marcando singularmente o seu lugar de fala como autora e mãe, localizando-se na produção de um conhecimento situado.

Entretanto, ela argumenta que, na perspectiva da luta social atual, a maternidade pode ser uma desvantagem para as mulheres. A energia requerida para o volume de trabalho nos campos da economia, da política, da produção artística e intelectual, em uma sociedade organizada por modelos masculinos, muitas vezes faz com que o trabalho da maternidade se torne indesejável. Ainda que o desejo de adquirir os benefícios da condição social masculina — considerada mais independente e livre — tenha sido representada na Psicanálise pela inveja do pênis, é inegável que desde a perspectiva biológica:

> [...] a mulher tem na maternidade ou na sua capacidade para ser mãe superioridade fisiológica indisputável e jamais desprezível, o que, no inconsciente da psique masculina se reflete com bastante clareza na forte inveja da maternidade sentida pelo menino (Horney, 1991, p. 57).

Para Horney, a significação da experiência da maternidade está muito longe de se resumir ao que tanto Freud quanto Ferenczi puderam perceber. Como vimos no capítulo anterior, Freud considerava o desejo de ter um filho como deslocamento do desejo de ter um pênis, ou seja, uma das consequências, senão a consequência mais significativa, da inveja do pênis para a sexualidade feminina. A realização plena da feminilidade se daria somente pela via da maternidade.

No entanto, em Horney, encontramos que o desejo de se tornar mãe vai muito além e antecede a inveja do pênis, que seria uma formação secundária no psiquismo. Para ela, o desejo de ter filho "é primário e instintivamente ancorado nas profundezas da esfera biológica". Nesse sentido, é "a representação psíquica de um estímulo somático interior fluindo continuamente" (Horney, 1960, p. 92). Logo, a partir da perspectiva da autora, a maternidade real, vivida por cada mulher em sua singularidade, vai muito além do que o poder patriarcal e o simbolismo fálico buscam fazer dela.

Karen entendia que os desejos ancorados nas profundezas da esfera biológica são influenciados por inúmeros fatores psíquicos e sociais. Como a psicanalista pontuou, quando as condições sociais mudam, as representações psíquicas das moções pulsionais também se alteram. Os modos de vida contemporâneos transformam continuamente as relações dos sujeitos com a maternidade, em sua multidimensionalidade biopsicossocial, agora intensamente permeada pelos avanços dos procedimentos médicos e tecnológicos.

Não podemos esquecer que, na Pós-modernidade, vivemos a exacerbação da ideologia patriarcal individualista, onde a performance e os objetivos individuais ganham cada vez mais destaque, em uma sociedade ainda guiada por valores historicamente associados à força, à competitividade, à agressividade etc. Nesse contexto, a maternidade é vista como algo que prejudica o desempenho individual das mulheres no coletivo.

Como aponta a historiadora Mary Beard, em *Mulheres e poder: um manifesto* (2023), quanto mais as mulheres ocupam os espaços de poder na vida pública, maior se tornam as imposições para que elas se adaptem aos imperativos fálicos que negam as características historicamente associadas ao feminino, como a sensibilidade, a interdependência, o cuidado; e também as especificidades biológicas da menstruação, da gravidez, do puerpério, da amamentação etc.

Todavia, outras possibilidades de vida em comum estão sendo criadas a partir da crescente desconstrução dos ideais da família nuclear burguesa e dos papéis estereotipados de gênero, aliados à fundamental crítica da maternidade compulsória. No contemporâneo, a maternidade torna-se a cada vez mais uma escolha; e ser capaz de escolher também é um poder. Como exercê-lo?

2.7 IDEAL PATRIARCAL DE FEMINILIDADE

Nas sociedades patriarcais modernas, o ideal de feminilidade é representado pela mulher que vive pelo amor, para amar e para ser amada. Sua função de reprodutora sexual é exaltada; e o amor romântico, nesse cenário, serve como cobertura idealizada das demandas quase infinitas que compõem o cenário cotidiano do trabalho reprodutivo. Matriz e nutriz da família, ela deve se devotar aos cuidados do lar e dos entes queridos, especialmente dos filhos e do marido. Como indica Horney, as pessoas que sustentam que o feminino é naturalmente voltado para os afazeres do amor, devido as suas disposições inatas, estão extremamente equivocadas, pois "os fatores biológicos jamais se manifestam de forma pura e franca, mas sempre modificados pela tradição e o ambiente" (Horney, 1960, p. 92).

É evidente que a exclusão das mulheres dos espaços públicos de poder não começou na Era Moderna, mas remonta aos primórdios da estruturação social patriarcal. Entretanto, as especificidades do contexto em que Karen Horney produz sua obra englobam as ideias burguesas de feminilidade produzidas na aurora da modernidade. O confinamento ao lar e às tarefas domésticas produziram uma associação cultural entre feminilidade, erotismo e maternidade; entrelaçamento reforçado pelos saberes científicos e médicos da época. Para alguns, a gaiola dourada da família nuclear seria um refúgio das preocupações ligadas à vida comercial, pública e política; para outros, uma profunda alienação de si mesma, verdadeiro impedimento para a realização plena dos potenciais humanos.

As mulheres que buscam o desenvolvimento de seus potenciais e a autonomia psicológica, emocional, econômica e social — possibilidades conquistadas pelos movimentos políticos de mulheres — enfrentam os conflitos e "as resistências internas criadas por intensificação do ideal tradicional da função feminina exclusivamente sexual" (Horney, 1960, p. 182).

> Não estaríamos indo muito longe ao afirmarmos que, no momento, este conflito é enfrentado por todas as mulheres que se aventuram a ter sua própria carreira e que não desejam, ao mesmo tempo, pagar sua ousadia com a renúncia da feminilidade. O conflito em questão é, portanto, condicionado pela mudança de posição da mulher e limitado àquelas que decidem seguir uma vocação, perseguir interesses particulares, ou aspiram em geral ao desenvolvimento independente de sua personalidade (Horney, 1960, p. 182).

Pensando nisso, podemos nos perguntar ao que ela se refere quando escreveu isso, no ano de 1928, ao dizer que tais mulheres não desejam "pagar sua ousadia com a renúncia da feminilidade". Parece que ela está chamando de feminilidade o desejo de ter uma família e de poder se dedicar às esferas da vida íntima: ao cuidado diário dos corpos, ao erotismo e ao vínculo emocional com as pessoas amadas. Fato é que, se pensarmos a partir de Horney, a feminilidade também é uma construção multidimensional, que envolve fatores biológicos, psicológicos e sociais.

Nesse sentido, talvez seja realmente necessário renunciar aos clássicos ideais de feminilidade — burgueses e heteronormativos — que não ressoam com as emergências do contemporâneo, para poder criar novas possibilidades para as existências do gênero feminino, invenções mais atuais.

Face a esses conflitos desafiadores, Horney indica que muitas mulheres acabam renunciando ao exercício de suas feminilidades (dedicando-se integralmente à carreira) ou rejeitam as suas vocações intelectuais e profissionais (escolhendo o cuidado exclusivo da vida pessoal e familiar). E pergunta: "Por que certas mulheres adoecem em consequência deste conflito ou sofrem prejuízo considerável no desenvolvimento de suas potencialidades?" (Horney, 1960, p. 183). Apesar do interesse sociológico pelo tema, indica que apenas o estudo minucioso da história de vida singular, possível por meio da psicanálise, pode esclarecer a questão.

A psicanalista observou em sua clínica com mulheres o que chamou de uma supervalorização de amor.[38] Para algumas de suas pacientes, a ênfase dada à esfera amorosa era exagerada, o que eclipsava todos os outros aspectos da vida, gerando inibições nos campos dos estudos, no trabalho e nos outros relacionamentos sociais. Em muitos casos, essas mulheres pareciam obcecadas por um único pensamento: "Eu tenho que ter um homem" (Horney, 1960, p. 184).

> Por outro lado, seus dons, habilidades e interesses, sua ambição e correspondentes possibilidades de conquista e satisfação são muito maiores do que admitem [...]. Pois, embora, em última análise, o sexo seja fonte importantíssima de satisfação, talvez a mais importante, não é, certamente, a única nem a mais confiável (Horney, 1960, p. 184).

Ainda que o cenário tenha mudado desde então, os meios culturais, ao normatizar a experiência heterossexual, deixam de perceber criticamente a supervalorização excessiva conferida ao campo da vida amorosa, pela via dos ideais românticos atualizados na família burguesa nuclear.

Hoje em dia as mulheres são estimuladas a desenvolver suas habilidades profissionais, desde que para isso não prejudiquem o desempenho da feminilidade ideal: casar-se (de preferência, com um homem), ter filhos (de preferência, biológicos), se dedicar ao cuidado da família etc. O resultado na prática é a sobrecarga das tarefas cotidianas e o adoecimento psíquico da população feminina.[39] A interseccionalidade cumpre um papel importante na análise de cada caso, pois quanto maior a vulnerabilidade social, nos quesitos de raça e de classe (adicionados ao quesito do gênero), maior tende a ser o acúmulo de tarefas diárias e a tensão acumulada no sistema corpo-mente.[40]

---

[38] Valeska Zanello, a partir de pesquisas de campo atuais realizadas junto ao núcleo de pesquisa que coordena na Universidade de Brasília, escreveu o livro *A Prateleira do amor: sobre mulheres, homens e relações*, no qual a autora descreve o dispositivo amoroso como elemento fundamental na constituição subjetiva das mulheres. Nesse dispositivo, elas adquirem o valor de si mesmas somente em relação ao fato de serem (ou não) escolhidas para serem amadas, em uma lógica semelhante a escolha de objetos em um contexto comercial, o que justifica o título de sua obra.

[39] Devido à sua naturalização, o trabalho de cuidado ainda é extremamente desvalorizado na sociedade. No século XXI, ainda existe a crença numa essência feminina que levaria as mulheres a dedicarem-se aos outros, numa abnegação idealizada de si mesmas. Mas a realidade é diferente: as mulheres enfrentam um imenso fardo físico, psicológico e social, que tem consequências nefastas. É preciso levar em conta que existem diferenças psicológicas, econômicas e sociais entre as próprias mulheres, que não formam um grupo heterogêneo, principalmente num país tão desigual como o Brasil.

[40] No Brasil, as mulheres representam 91% das pessoas que realizam trabalho doméstico terceirizado (IBGE, 2022). "Ainda é preciso levar em conta a herança colonial que persiste no país. Somente em 2015, essas traba-

2.8 O MASOQUISMO É FEMININO?

Psicanalistas como Freud, Rado e Deutsch associam o masoquismo feminino à condição biológica e reprodutiva da fêmea humana. A menstruação, o ato sexual passivo, o parto, a amamentação etc., seriam, para eles, vivências próprias do sexo feminino ligadas a experiências de satisfação na dor. Por outro lado, a percepção da própria castração anatômica (falta de pênis) também favoreceria o desenvolvimento do masoquismo nelas.

Para Horney, de fato, segundo suas observações clínicas, as tendências masoquistas são muito mais frequentes nas mulheres do que nos homens. "Esta conclusão é inevitável quando se sustenta a teoria psicanalítica básica de que o comportamento na vida em geral se molda segundo o padrão de comportamento sexual [...]." E continua: "Além disso, quando os homens se permitem fantasiais ou desempenhos masoquistas, estes ganham a expressão do seu desejo de representar o papel feminino" (Horney, 1960, p. 212).

Segundo Freud, entretanto, os aspectos biológicos e constitucionais apareceriam associados aos processos educativos que não estimulam a expressão dos impulsos agressivos nas meninas, o que teria como consequência, no psiquismo, o retorno da agressividade contra o próprio eu.

O que é mais interessante na abordagem de Horney sobre a questão do masoquismo feminino, em nossa perspectiva, é a busca por compreender as suas razões socioculturais. "A omissão dessas considerações pode levar à falsa valorização das diferenças anatômicas e de suas elaborações pessoais como sendo fatores causativos de fenômenos que são, em parte ou totalmente, resultantes de condicionamentos sociais" (Horney, 1960, p. 221).

Nesse sentido, para melhor compreensão do quadro, a função da psicanalista é trabalhar em conjunto com profissionais da antropologia, indica Horney. Junto com a psicanalista, algumas perguntas nos parecem primordiais: quais são as condições sociais em que o masoquismo aparece

---

lhadoras conseguiram a garantia de alguns direitos trabalhistas por meio da aprovação da reforma constitucional que previa o contrato de trabalho doméstico [...] O contexto da pandemia nos trouxe exemplos tristes que ilustram a realidade do trabalho doméstico no Brasil. A primeira morte pelo novo coronavírus no Rio de Janeiro foi a de uma trabalhadora doméstica. Cleonice Gonçalves trabalhava para uma família que morava em um apartamento de luxo na região valorizada do Leblon e foi infectada por seus patrões recém-chegados da Itália" (Melo, 2020, p. 6).

associado às funções femininas? Em quais condições sociais as atitudes masoquistas estão mais associadas às mulheres do que aos homens?

Ela indica que o masoquismo feminino seria propiciado nos contextos em que há a exploração e a degradação sexual das mulheres. Também seria verdadeiro nos casos em que os distúrbios das funções sexuais (dismenorreia, hemorragia, distúrbios psicogênicos na gravidez e no parto) acontecem com mais frequência. Contudo, pontua que "o sofrimento ou mesmo a dor autoinflingida nas tribos mais primitivas pode ser expressão do pensamento mágico para afastar o perigo, nada tendo a ver com o masoquismo individual" (Horney, 1960, p. 221).

As expressões do masoquismo feminino costumam aparecer frequentemente em complexos culturais que apresentam as seguintes características: bloqueios na liberdade de comunicação e na sexualidade; controle de natalidade (visto que, em seu ponto de vista, a maternidade gera diversas gratificações para as mulheres); julgamento das mulheres como seres inferiores aos homens; dependência econômica e emocional das mulheres; participação social restrita à vida íntima; entre outras.

As ideologias fixas que buscam determinar as verdades sobre a natureza da mulher levam a considerar que esta é masoquista por razões unicamente biológicas. Ideias como as de que ela seja mais fraca, mais dependente, menos capaz para o trabalho e para o pensamento autônomo, contribuem para reforçar tais ideologias sexistas.

O poder exercido por essas ideias é reforçado pelo fato de que as mulheres que apresentam tais características são as mais valorizadas para os relacionamentos amorosos heterossexuais. "Isto implica que as possibilidades eróticas das mulheres dependam de sua conformidade à imagem daquilo que constitui sua 'verdadeira natureza'". Logo, em sociedades patriarcais, "as atitudes masoquistas (ou melhor, as suas expressões mais brandas) são estimuladas nas mulheres, enquanto, nos homens, são desencorajadas" (Horney, 1960, p. 228).

Ainda que admita que o masoquismo feminino não seja um fenômeno universal determinado pela natureza do sexo feminino — e que as variáveis culturais possuem um papel extremamente importante em sua gênese — é fato notável que em suas pacientes neuróticas Horney tenha observado manifestações típicas do masoquismo, com intenso sofrimento nas esferas física e/ou mental.[41] Acontecimento clínico contextualizado

---

[41] "Em resumo, o problema do masoquismo feminino não pode ser relacionado a fatores inerentes às características anatomo-fisiológico-psíquicas da mulher apenas, mas deve ser visto com notavelmente condicionado

socialmente que ela irá relacionar com a necessidade neurótica de amor e com o prejuízo do amor-próprio no caso das mulheres.

Segundo a autora, o amor é a maneira encontrada pela pessoa masoquista para apaziguar a sua angústia flutuante.[42] Ao buscar constantemente sinais de afeição e reconhecimento, dada sua necessidade exagerada de amor, ela torna-se dependente do outro. E, logo, "como o afeto e a simpatia dos outros são para ela de importância vital, é fácil tornar-se extremamente dependente, e essa dependência exagerada se mostra com bastante nitidez nas relações com a analista" (Horney, 1960, p. 223-224).

2.9 NECESSIDADE NEURÓTICA DE AMOR

Vimos que, para as pessoas neuróticas no funcionamento masoquista, o amor serve como proteção contra as angústias que lhes afetam o corpoalma.[43] Segundo Horney, essas pessoas têm a necessidade exacerbada de serem reconhecidas, estimadas, sustentadas narcisicamente pelos outros; demonstrando extrema sensibilidade à frustração de tais demandas.

Todas nós gostamos e queremos ser amadas. Amar nos traz momentos de extrema satisfação, de alegria e de felicidade. Entretanto, existem diferenças entre a necessidade de amar, por ela considerada normal, e a necessidade neurótica de amar. A psicanalista indica que, enquanto para as pessoas relativamente saudáveis a necessidade de amor é direcionada a

---

pelo complexo cultural ou organização social em que esta mulher masoquista em particular se desenvolveu. Não se pode avaliar o peso exato destes dois grupos de fatores até que tenhamos os resultados das investigações antropológicas que utilizam critérios psicanalíticos válidos em diversas áreas culturais significativamente diferentes das nossas. Está claro, contudo, que alguns autores exageraram na supervalorização da importância dos fatores anatomo-fisiológicos-psíquicos neste assunto" (Horney, 1960, p. 229).

[42] No início de meu processo de análise pessoal eu compus uma série de músicas que apresentei publicamente em espetáculos autorais. Uma das canções mais importantes desse período se chama *Nada*, e descreve o fenômeno pontuado por Horney. A seguir, a letra: "Nada, como a minha vida, nada, como a tua vida, nada, como a minha vida, na tua vida, nada. Nada, como os teus beijos, nada, me dá sentido nada, me dá abrigo assim. Como você pra mim. Nada, me dá mais medo, nada, que as tuas mentiras, nada, me mostra o fel da vida como o teu amor infiel. Me mostra o fel, me tira o véu, da ilusão, de um coração. Nada jamais vai dizer não, vai me fazer parar de te querer, meu pão. Pois fel traz a dor que transforma o Nada. E o nada é ao mesmo tempo o Tudo e o tudo é o meu Nada. Que te traz pra mim, que me traz pra ti, que me faz um nada. E assim, você partiu do nada. E assim, você surgiu do nada. E assim você fugiu para um todo, um todo completo e vazio, de mim. Nada é sempre tudo, tudo é sempre nada. Nada dá mais medo, nada faz sentido. É tanto sentido.... Que não é nada."

[43] "Neste contexto, compreendo que o termo neurose não significa neurose situacional e sim de caráter, que começa nos primeiros anos da infância e abrange mais ou menos a personalidade total" (Horney, 1960, p. 243).

algumas pessoas e circunstâncias selecionadas e específicas, a necessidade neurótica de amor é "compulsiva e indiscriminada" (Horney, 1960, p. 244).

Como já indicado, é comum a supervalorização do amor na vida das mulheres. Karen cita o caso de algumas pacientes em estados depressivos para as quais a vida perdeu totalmente o sentido por não estarem em um relacionamento amoroso, com a percepção de serem cuidadas e/ou protegidas por alguém. Outras, se dedicam para o objetivo exclusivo de se casar, sem mesmo saber se amar ou se satisfazer sexualmente, sozinhas ou na companhia de outra pessoa. Não é de se admirar que estas mulheres sejam "incapazes de desenvolver seus talentos e potenciais criativos" (Horney, 1960, p. 244).

Outra caraterística que se ressalta nesses casos é a exigência de exclusividade. Assim como a criança ciumenta exige tudo dos pais, a pessoa neurótica demanda que todo o amor e atenção sejam direcionados para ela.[44] Algumas, ainda, por meio de infinitas demandas, buscam se beneficiar com ganhos materiais que podem receber do parceiro. Nesses casos, não é incomum estar latente alguma profunda decepção na esfera amorosa, frustração infantil que levou a pessoa a desacreditar no amor, apegando-se aos bens materiais como substituição do afeto.

Se podemos identificar a dimensão exacerbada que a necessidade de amar ocupa na vida das pessoas neuróticas, podemos também nos perguntar por que, especialmente para elas, é tão difícil encontrar aquilo que supostamente buscam: um relacionamento amoroso satisfatório. Talvez a resposta mais assertiva esteja na própria pessoa, ainda que de forma inconsciente; a dificuldade reside na insaciabilidade (transformada em demandas infinitas), na incapacidade de amar[45] e no medo de ser rejeitada (o que a leva a rejeitar em primeiro lugar). Ainda, quando estabelecem

---

[44] Outra música de minha autoria, que compus durante os primeiros anos de minha análise pessoal, se chama *Pra mim*, e descreve o sentimento narrado pela autora. A seguir, a letra: "Ah, que bom seria, se eu pudesse te aceitar. Do jeito que és, sem ter que mudar. Ah, que bom seria, se tudo fosse assim. Eu gostasse de você, e você de mim. Mas do meu jeito, do meu sentido, sem ser abrigo, nem distração. Ah, que bom seria, se a alegria fosse veloz. Se todo dia eu ouvisse a tua voz. A falar a vontade, de um amor de verdade, que só faz bem. Que eu doo de ti, que tu doas pra mim. Sem contagem, sem vantagem, sem malandragem. Mas pra que viver assim? De longe, mesmo assim. Se eu gosto, gosto, gosto e te quero pra mim, pra mim. Pra minha obsessão, minha salvação, na palma da minha mão. Pra mim, eu te quero pra mim! Pra mim, eu te quero só pra mim! Pra mim, eu te quero pra mim! Pra mim, eu te quero só pra mim!".

[45] "É dificílimo definir o amor. Podemos nos contentar aqui em descrevê-lo, em termos bastante gerais e não-científicos, como a capacidade de uma pessoa se dar espontaneamente a alguém, a uma causa ou a uma ideia, em vez de guardar tudo para si mesmo de forma egocêntrica" (Horney, 1960, p. 247).

um relacionamento, o medo de perder o amor pode se manifestar em diferentes sintomas de insegurança.

Todavia, a autora se questiona sobre os fatores sociais e culturais que levam, especialmente as mulheres, a necessidade neurótica de amor. Para tal, introduz algumas reflexões fundamentais que fazem eco nos dias atuais.

Karen Horney indica que, sempre que há uma crise econômica na sociedade, há o aumento do interesse sobre "a natureza da mulher".[46] Como vimos, nas culturas patriarcais, a natureza da mulher é entendida como mais frágil, emotiva e vulnerável, portanto, deve ser restrita à sexualidade, à reprodução e ao cuidado da prole e da família. E mais ainda, a suposta natureza da mulher indica que ela necessita da proteção de alguém que seja mais forte, mais racional e mais estável do que ela.

Nesse contexto, as próprias mulheres acabam, muitas vezes, aderindo e propagando a ideologia patriarcal sobre a diferença sexual. Acreditam, de fato, que por serem mais sensíveis, e por suas características naturais, elas precisam da presença masculina para existir com dignidade.

> Até aqui está tudo muito claro e tem sido dito de tempos em tempos, mas nós nem sempre reconhecemos seu significado mais profundo: que qualquer grupo da população, restrito em suas atividades por um longo período de tempo, passa por certas mudanças psíquicas; que entre indivíduos do grupo oprimido ocorre uma adaptação psíquica que os leva a aceitar as limitações que o grupo dominante considera vantajoso impor. Portanto, amor e devoção passaram a ser considerados como ideais e virtudes especificamente femininos; cuidar da casa e criar filhos como a única possibilidade para alcançar felicidade, segurança e prestígio. Embora em anos recentes tenha havido grandes mudanças, os efeitos psíquicos da longa história de restrição permanecem (Horney, 2002, p. 2).

---

[46] "Quer seu argumento esteja embasado no pecado de Eva, como na Igreja Católica, ou nas regras estabelecidas pela filosofia alemã a respeito das relações sexuais, ou nas declarações de Freud sobre as diferenças anatômicas, o resultado é o mesmo. Não parece fazer diferença, em relação aos efeitos nas mulheres, se há um distanciamento científico ou uma atitude francamente depreciativa; quer seja, como nos países fascistas, com a deificação das qualidades da mulher do lar ou, como em outros países, com a expressão de preocupação com a justiça social ou a felicidade da mulher. Todas essas atitudes oscilam com o aumento ou a diminuição da competitividade econômica. Quando os empregos estão escassos, se torna necessário provar de qualquer maneira possível que a "natureza" da mulher impede seu livre acesso ao mercado" (Horney, 2022, p. 2).

Amor e devoção são consideradas virtudes tipicamente femininas em sociedades patriarcais e, como aponta Horney, embora tenham ocorrido grandes transformações sociais nas últimas décadas, os efeitos psíquicos da longa história de restrição permanecem. Entre eles estão:

1. As relações da vida íntima e familiar passam a ser consideradas os principais valores das vidas das mulheres. Como efeito da ênfase na vida pessoal, ela passa a esperar demais desta, na expectativa de reconhecimento por seus sacrifícios nas relações pessoais, especialmente na relação com o marido e os filhos. Sendo assim, é evidente que a necessidade neurótica de amor leva à frustração.

2. A degradação psicossocial de outros objetivos fora da esfera íntima e familiar. Efeito que corrobora com a manutenção da hierarquia política entre homem/mulher, e que:

    > [...] as impede de se tornarem ativamente e genuinamente ocupadas das grandes questões políticas e econômicas do nosso tempo, mesmo quando esses interesses mais amplos concernem à própria posição das mulheres no mundo e deveria ser de vital interesse para elas (Horney, 2022, p. 2).

Como a realização feminina foi profundamente associada, nesse contexto, ao casamento e à maternidade, tornou-se um dever para as mulheres agradarem aos homens. Disso deriva o culto excessivo a uma estética fálica e normativa (que reflete os valores padronizados de beleza pela ideologia patriarcal capitalista), o medo do envelhecimento, e o temor de não ser feminina o suficiente se não cumprir os pressupostos idealizados.

3. O medo do envelhecimento surge e está associado ao medo de perder apelo erótico, sendo prejudicada na capacidade de atrair e manter relacionamentos amorosos.

    > A personalidade madura deveria ser mais segura e forte que a personalidade jovial, pois tem a vantagem da experiência, mas como a mulher que está amadurecendo vai desenvolver essa segurança e essa força se ela acredita que sua natureza demanda que o amor seja o centro e o único propósito de seu ser e, ao mesmo tempo, ela reconhece seus anos de maturidade como anos de declínio nessa esfera? [...] E esse sentimento de inferioridade as rouba da força para a ação que pertence, com razão, à maturidade (Horney, 2022, p. 2).

Isso posto, a ênfase na vida erótica ligada exclusivamente à reprodução e à relação amorosa entre homem-mulher retira a energia de outros campos de realizações vitais, o que produz, evidentemente, uma diminuição na capacidade de amor-próprio; na possibilidade de realizar-se enquanto ser humano singular, com múltiplas potencialidades. A psicanalista adverte:

> A autoconfiança construída a partir do sucesso em dar e receber amor é construída em uma base muito pequena e instável. É muito pequena porque deixa de fora muitos valores da personalidade, e é muito instável porque depende demais de acontecimentos externos, como encontrar parceiros adequados, possibilidades de casamento, etc. Muito frequentemente, leva à dependência da afeição e apreciação da outra pessoa, com um profundo sentimento de desvalor se não é amada e apreciada. Essa dependência emocional também envolve medo de críticas e do ridículo, o que nos leva de volta ao ponto original; que toda mulher que luta para realizar suas potencialidades como pessoa se expõe a todo tipo de insinuações e ao ridículo. Ela deve reconhecer que isso é uma técnica e estar preparada para enfrentá-la (Horney, 2022, p. 2).

O medo do julgamento e o desejo de ser amadas fazem com que muitas mulheres busquem se enquadrar nas expectativas sociais, que anulam suas singularidades. Para fazer parte de uma cultura historicamente dominada pela ideologia patriarcal, muitas mulheres acabam aderindo aos valores que inferiorizam as características de seu sexo. Outra consequência nefasta para as mulheres se encontra nos relacionamentos entre elas. No cenário patriarcal, as mulheres se tornam rivais entre si, nas concorridas disputas pelo amor dos homens.

> Se acreditava que algo inato nas mulheres fazia com que fosse impossível que elas trabalhassem juntas cooperativamente [...]. Dentro de sua esfera erótica só havia a competição individual, e a competição tem sido mais forte entre mulheres do que entre homens. Havia muita ansiedade e insegurança que contribuía para grande parte da hostilidade entre mulheres, o que fez com que fosse difícil que trabalhassem juntas (Horney, 2022, p. 2).

Por uma outra perspectiva, é inegável o fato de que as relações de solidariedade entre mulheres jamais deixaram de existir, mesmo diante da situação aqui exposta. Seja na rede familiar de avós, mães, tias, primas e filhas; seja na teia de amizades e entre companheiras de atividades profissionais e sociais. Essa grande teia de laços femininos, tecida ao longo de centenas de milhares de anos, muitas vezes torna-se invisível aos olhos dos que não se atentam, mas não passa despercebida pelas nossas vivências e sensibilidades. A psicanalista indica:

> Essa solidariedade é um pré-requisito necessário para qualquer grande ação, e se torna altamente desejável para as mulheres por causa de toda a insegurança interna que elas sentem. Quanto mais inseguro o indivíduo se sente, maior é sua necessidade de ser apoiado pelo laço da solidariedade (Horney, 2022, p. 2).

As causas dessas inseguranças internas, produzidas, em sua grande parte, culturalmente, foram discutidas ao longo deste capítulo. Karen Horney acredita que os laços de solidariedade entre mulheres, fundantes das coletividades femininas, tornam possíveis as transformações necessárias nos modos de constituição subjetivas e sociais. Suas experiências, juntas, singulares e coletivas, são capazes de criar outros modos de com-viver.

Ela compreende que os preconceitos enraizados sobre o sexo feminino e as feminilidades são construções culturais patriarcais — como vimos, a partir da inveja da maternidade — tantas vezes internalizadas e reproduzidos pelas mulheres; significados que podem e devem ser superados em prol das expressões múltiplas das potencialidades dos seres humanos.

LUCE IRIGARAY: ESSA QUE NÃO É UMA

Conhecemos poucos elementos sobre a vida pessoal de Luce Irigaray. Isso se dá por escolha dela, que decidiu não compartilhar muitas informações sobre sua história íntima — fato que nos cabe justamente respeitar.

Entretanto, sabemos que ela nasceu no dia 3 de maio de 1930, na cidade de Blaton, na fronteira entre a Bélgica e a França. Fez a graduação e o mestrado na Universidade Católica de Louvain. Depois, mudou-se para Bruxelas, onde trabalhou como professora de francês, grego e latim. Na Sorbonne, em Paris, obteve o título de mestre em Psicopatologia. Em 1964, começou o seu trabalho como pesquisadora no *Centre National de la Recherche Schentifique* (CNRS). Em 1968, obteve o seu doutorado em Linguística pela Universidade de Paris Nanterre, com uma tese em linguística e com o título *Approche psycholinguistique du language des déments* (Abordagem psicolinguística da linguagem dos dementes).

Entre 1970 e 1974, lecionou na Universidade de Vincennes e também atuou como psicanalista, membro da *École Freudienne de Paris*, fundada por Jacques Lacan. Se aproxima de Antoinette Fouque, líder do Movimento de Libertação Feminina, e a convidou para participar de seu seminário sobre a sexualidade feminina. Quando obteve o seu grau de doutorado com a tese em filosofia *Speculum. La fonction de la femme dans le discours philosophique* (Speculum. A função da mulher no discurso filosófico), em 1974, a direção da sua carreira viveu uma grande transformação.

Na tese, Luce Irigaray teceu uma crítica amplamente fundamentada ao falocentrismo do pensamento ocidental, incluindo alguns dos principais autores da tradição filosófica e os mestres da psicanálise, Freud e Lacan. O trabalho foi mal-recebido por seus colegas, na universidade e na escola de Psicanálise. A psicanalista e pesquisadora perdeu o seu posto de professora universitária e também foi convidada a se retirar da escola lacaniana.

Em seguida, seu pensamento se tornou reconhecido nos círculos feministas e ela se aproximou do movimento de mulheres italianas que se dedicavam a pensar a diferença sexual, a partir das especificidades históricas, culturais, psíquicas e corporais das mulheres. Luce Irigaray tornou-se uma das principais representantes do movimento conhecido como o feminismo da diferença francês, junto com Hélène Cixous e Julia Kristeva, entre muitas outras pensadoras. Ela publicou em torno de 40 obras escritas que foram traduzidas em diferentes línguas.[47]

Luce Irigaray, essa mulher que não é só uma, continua viva, pulsante e trabalhando. Desde 2003, conduz um seminário presencial com pesquisadoras/es do mundo inteiro que utilizam as suas obras em suas produções contemporâneas. Em suas palavras: "Dessa forma, eles têm a oportunidade de receber meus ensinamentos pessoais e de trocar ideias, métodos e experiências entre eles" (tradução nossa).[48]

3.1 AS ONDAS E O FEMINISMO DA DIFERENÇA

Em nossa perspectiva, que converge com a de distintas autoras, o feminismo da diferença — do qual Luce Irigaray é uma das principais representantes — faz parte dos feminismos contemporâneos, que surgiram a partir das ressonâncias da chamada terceira onda. A seguir, farei um breve resumo das ondas do feminismo, com o objetivo de contextualizar a discussão que segue.

Segundo Garcia (2015), a primeira onda do feminismo acontece no contexto da Revolução Francesa, na aurora do Estado Moderno. Nesse cenário, as produções literárias eram fertilizadas com os debates em torno da *querelle des femmes*, que questionavam o lugar das mulheres na sociedade e argumentavam a favor da igualdade dos sexos, em justa contraposição aos discursos machistas e misóginos dominantes da época.

O texto de Poulin de la Barre, *Sobre a igualdade entre os sexos*, publicado em 1673, defende, por meio da razão, a igualdade sexual. Ele é autor da famosa frase: "a mente não tem sexo". O filósofo cartesiano, que aplicava os fundamentos da racionalidade às relações de gênero, defendia o acesso das mulheres ao saber e às condições dignas de existência na vida pública, "como remédio contra desigualdade e parte do caminho ao progresso" (Garcia, 2015, p. 34).

---

[47] Apenas uma de suas obras publicadas foi traduzida para o português: *Este sexo que não é só um sexo* (Senac, 2017).

[48] Disponível em: https://workingwithluceirigaray.com. Acesso em: 10 jun. 2024.

Durante a Revolução Francesa, as mulheres participaram dos eventos e das lutas, assim como dos debates, das assembleias e das produções literárias, com a demanda cada vez mais ardente de igualdade social.

> A participação delas se produziu em dois âmbitos distintos: o popular e de massa de mulheres que lutaram na frente de batalha e o intelectual, representado geralmente pelas burguesas, que se manifestaram especialmente nas sessões da Assembleia Constituinte, na produção de escritos sobre a revolução, na criação de jornais e grupos femininos empenhados nas lutas pelos direitos civis e políticos das mulheres (Garcia, 2015, p. 36).

Na França, Olympe de Gouges escreveu a *Declaração dos Direitos da Mulher e da Cidadã*, defendendo a dignidade das mulheres frente ao Estado que nascia. A autora, que também defendia em suas obras a abolição da escravidão, explicita o paradoxo da existência do feminismo, pois ela se considerava, assim como muitas de nós, uma mulher que somente tem paradoxos a oferecer e não problemas fáceis de serem resolvidos. Olympe de Gouges defendia a igualdade social ao afirmar, ao mesmo tempo, a diferença sexual.

Já na Inglaterra, Mary Wollstonecraft foi a autora da obra *Reinvindicação dos direitos da mulher*.

A segunda onda do feminismo aconteceu no século XIX, momento histórico marcado por significativos movimentos emancipatórios. O feminismo surge pela primeira vez como um movimento de caráter internacional, com identidade e organização próprios. Como indica Garcia:

> O horizonte ético-político do feminismo do período foi o igualitarismo entre os sexos e o da emancipação jurídica e econômica da mulher [...]. De toda forma, ao longo do século XIX as feministas se empenharam, além de seus objetivos específicos, em temáticas concernentes aos direitos humanos e civis. Em um sentido amplo: as lutas pela liberdade de pensamento, de associação, pela abolição da escravatura, da prostituição e pela paz (Garcia, 2015, p. 48).

Elizabeth Stanton organizou o encontro que culminou na redação da *Declaração de Seneca Falls*, ou a Declaração dos Sentimentos, que funda o movimento sufragista estadunidense em 1868. No mesmo ano, Elizabeth funda a Associação Nacional pelo Sufrágio da Mulher, nos Estados Unidos; em seguida, Lucy Stone e outras fundam a Associação Americana Pró-sufrágio das mulheres.

A segunda onda do feminismo — que ficou mais conhecida internacionalmente pelo movimento Sufragista — se fez amplamente presente nas sociedades industriais ocidentais, tendo sido caracterizada por dois objetivos, que consideramos centrais: o direito ao voto e o acesso aos direitos educativos. Sojourner Truth, John Stuar Mill e Hariett Taylor são alguns nomes de destaque.

Consideramos que a terceira onda do feminismo começa com a publicação da obra *O segundo sexo*, em 1949, da filósofa francesa Simone de Beauvoir. No livro magistral, escrito em dois volumes, demonstra como os diferentes discursos produzem o tornar-se mulher, ao afirmar que "a função da fêmea não basta para definir a mulher" (Beauvoir, 1970, p. 9). No primeiro volume, *Fatos e Mitos*, a filósofa introduz elementos da Biologia, da Psicanálise, do materialismo histórico, da História e dos mitos para mostrar como, neles, o sexo feminino é produzido como o Outro, ou seja, o negativo do sujeito.[49] Já o sexo masculino se constitui como o Um; o sujeito, o absoluto, portanto, neutro e positivo.

Desse modo, Beauvoir entende que, para que o sujeito se reconheça enquanto o Um, o absoluto, é preciso que haja o desconhecimento do Outro, do objeto relativo; do qual ele se diferencia radicalmente, em um movimento de exclusão constituinte. Ao se servir do pensamento hegeliano, pontua que "descobre-se na própria consciência uma hostilidade fundamental em relação a qualquer outra consciência; o sujeito só se põe em se opondo: ele pretende afirmar-se como essencial e fazer do outro o inessencial, o objeto" (Beauvoir, 1970, p. 12).

Beauvoir questiona por que as mulheres aceitariam a condição de ser Outro e o objeto, em relação ao Um e ao sujeito, posto que "a natureza,

---

[49] "Essa idéia foi expressa em sua forma mais explícita por E. Levinas em seu ensaio *Le Temps et l'Autre*. Assim se exprime ele: 'Não haveria uma situação em que a alteridade definiria um ser de maneira positiva, como essência? Qual é a alteridade que não entra pura e simplesmente na oposição das duas espécies do mesmo gênero? Penso que o contrário absolutamente contrário, cuja contrariedade não é em nada afetada pela relação que se pode estabelecer entre si e seu correlativo, a contrariedade que permite ao termo permanecer absolutamente outro, é o feminino. O sexo não é uma diferença específica qualquer [...]. A diferença dos sexos não é tampouco uma contradição [...]. Não é também a dualidade de dois termos complementares, porque esses dois termos complementares supõem um todo preexistente [...]. A alteridade realiza-se no feminino. Termo do mesmo quilate mas de sentido oposto à consciência'. Suponho que Levinas não esquece que a mulher é igualmente consciência para si. Mas é impressionante que adote deliberadamente um ponto de vista de homem sem assinalar a reciprocidade do sujeito e do objeto. Quando escreve que a mulher é mistério, subentende que é mistério para o homem. De modo que essa descrição que se apresenta com intenção objetiva é, na realidade, uma afirmação do privilégio masculino" (Beauvoir, 1970, p. 10-11).

assim com a realidade histórica, não são dados imutáveis"? Já que, *"ser é ter-se tornado"*? (Beauvoir, 1970, p. 13-18).

> Ora, a mulher sempre foi, senão a escrava do homem ao menos sua vassala; os dois sexos nunca partilharam o mundo em igualdade de condições; e ainda hoje, embora sua condição esteja evoluindo, a mulher arca com um pesado *handicap* (Beauvoir, 1970, p. 13).

Este pesado *handicap*, fruto da história coletiva entre os sexos, coloca as mulheres em desvantagem em um mundo social assentado em valores masculinos. Por outro lado, compara a relação entre os sexos com a do senhor e do escravo. Um necessita e depende do Outro, em uma dinâmica hierárquica de poder. Logo, em um mundo ainda dominado pelos homens: "Recusar ser o Outro, recusar a cumplicidade com o homem seria para elas renunciar a todas as vantagens que a aliança com a casta superior pode conferir-lhes" (Beauvoir, 1970, p. 15).

Partindo de um ponto de vista moderno e ocidental em sua análise, Beauvoir sugere que, ao não accitar a posição de objeto, posicionando-se como sujeitas e protagonistas da própria existência, as mulheres perdem os possíveis privilégios do universo masculino, e os diversos ganhos de ordem afetiva, simbólica e material; benefícios que, segundo a autora, reforçam a postura submissa das mulheres. Existiria um ganho secundário em escolher a submissão, ainda que este caminho alienado não leve a realização das múltiplas potencialidades humanas em seus projetos; realização que exige lidar com a liberdade de escolhas e a angústia existencial.

> Efetivamente, ao lado da pretensão de todo indivíduo de se afirmar como sujeito, que é uma pretensão ética, há também a tentação de fugir de sua liberdade e de constituir-se em coisa. É um caminho nefasto porque passivo, alienado, perdido, e então esse indivíduo é presa de vontades estranhas, cortado de sua transcendência, frustrado de todo valor. Mas é um caminho fácil: evitam-se com ele a angústia e a tensão da existência autenticamente assumida (Beauvoir, 1970, p. 15).

A filósofa pontua que a *Querelle de femmes* — absurda, em sua opinião — tem origem na arrogância masculina, "e quando as pessoas querelam não raciocinam bem" (Beauvoir, 1970, p. 21). No percurso do longo embate, tentou provar-se a inferioridade, a superioridade ou a igualdade entre os sexos, por meio de argumentos opositivos e falhos. Ela pensa que é preciso mudar a estratégia para abordar a questão feminina, e crê que para trazer lucidez à situação da mulher "ainda são certas mulheres as mais indicadas" (Beauvoir, 1967, p. 21). Entretanto, alerta:

> Mas é sem dúvida impossível tratar qualquer problema humano sem preconceito: a própria maneira de pôr as questões, as perspectivas adotadas pressupõem uma hierarquia de interesses: toda qualidade envolve valores. Não há descrição, dita objetiva, que não se erga sobre um fundo ético (Beauvoir, 1970, p. 22).

Nesse sentido, Beauvoir apresenta a perspectiva ética que sustenta o seu trabalho, que é a da filosofia existencialista. Nela:

> Todo sujeito coloca-se concretamente através de projetos como uma transcendência; só alcança sua liberdade pela sua constante superação em vista de outras liberdades; não há outra justificação da existência presente senão sua expansão para um futuro indefinidamente aberto (Beauvoir, 1970, p. 22-23).

Desse modo, na sua abordagem, não é a Biologia ou a Psicanálise, ou ainda o materialismo dialético, a História ou os mitos que serão capazes de definir o que é uma mulher e quais são os seus destinos. O que ela esclarece é que, nesses discursos, herdeiros da tradição ocidental, a mulher é constituída como o Outro.

Parece ser por isso que, no segundo volume, que começa com a emblemática frase: "Ninguém nasce mulher, torna-se" (Beauvoir, 1970, p. 9), Beauvoir apresenta, a partir do ponto de vista das próprias mulheres, nas diferentes fases da vida e por meio de diversas obras literárias de autoria feminina, o mundo que lhes é proposto. É nesse contexto, do mundo encarnado e real, que elas irão atuar e fazer as suas escolhas, dentro de seus limites e de suas possibilidades. Assim, os discursos das mulheres, sobre o que elas vivem e experimentam, inclusive em seus corpos históricos — e não o que os homens dizem sobre elas — ganham o destaque.

É notável que após a publicação de *O segundo sexo*, Simone de Beauvoir tenha passado a receber milhares de cartas de mulheres agradecendo a sua publicação e contando as suas histórias de vida. Foi a reação à obra que fez com que a filósofa se aproximasse do movimento feminista. Até então, em sua condição de mulher, branca e intelectual francesa, ela tinha a percepção de não sofrer preconceitos por pertencer ao Outro sexo. Foi ao entrar em contato com as histórias de tantas outras mulheres, bastante diferentes da sua, que a sua sensibilidade para a causa política delas se transformou.

Nos Estados Unidos, em 1963, Betty Friedan publicou o livro *A Mística feminina*. Depois que as conquistas da segunda onda do feminismo — os direitos das mulheres ao voto e à educação etc. — impactaram a sociedade como um todo, é evidente que a onda do conservadorismo aumentou. As ideias da feminilidade clássica passaram a ser propagadas amplamente pelos veículos da mídia, pelas teorias psicológicas e pelos estudos sociais (incluindo aí os ecos da Psicanálise freudiana), assim como pelas instituições mais conservadoras, como a Igreja, a escola e a família nuclear burguesa.

A jornalista americana chamou essas ideias que propagavam as imagens de uma suposta verdadeira feminilidade de "a mística feminina". Para a "mística", as mulheres só se realizam verdadeiramente no casamento e na maternidade, por meio do cuidado devotado aos outros. Suas existências só ganham sentido e valor no serviço desinteressado. Logo, as mulheres que haviam estudado e formado seus pensamentos para atuarem na sociedade como profissionais e serem autônomos, eram, ao mesmo tempo, bombardeadas por imagens idealizadas de donas de casa e rainhas do lar; mulheres que se satisfazem cuidando da casa, comprando roupas e os eletrodomésticos da moda e aprendendo as novas e tradicionais receitas culinárias.

A autora, que era uma mulher casada e mãe de três filhos, começou a sentir o que chamou de "o problema que não tem nome", uma fome abstrata e insaciável que não podia ser resolvida com comida, bebida ou bens materiais. Ela tinha tudo o que uma mulher poderia querer: uma família saudável, uma bela casa, mas não se sentia feliz.

Assim, Betty passou a entrevistar centenas de mulheres, donas de casas, senhoras, jovens e estudantes, para saber como elas se sentiam e o que pensavam sobre as suas vidas. O que descobre é que o "problema que não tem nome" não era um problema particular, unicamente seu, o enigma da insatisfação, a fome insaciável, era compartilhado entre muitas das mulheres entrevistadas.

Apesar de várias terem recebido uma educação progressista, que as conduzia para o desenvolvimento profissional e autônomo, elas sofriam a constante pressão da sociedade para acreditar que só poderiam se realizar verdadeiramente no amor e no lar. Muitas delas de fato escolheram renunciar aos estudos e à vida profissional para se dedicar exclusivamente à maternidade e ao casamento. Logo, sentiam-se insatisfeitas e culpadas por isso, pois afinal, tinham a vida que supostamente todas as mulheres deveriam desejar. Uma das entrevistadas relata:

> Tudo o que eu queria era me casar e ter quatro filhos. Amo meus filhos, Bob e meu lar. Não há nenhum problema que eu possa nomear. Mas me sinto desesperada. Começo a achar que não tenho personalidade. Sirvo comida, visto calças, arrumo camas, me chamam quando querem alguma coisa. Mas quem sou eu? (Friedan, 2020, p. 20).

Por meio das entrevistas, Betty Friedan mergulhou com microscópio na subjetividade das mulheres de sua época e de seu contexto, a classe média norte-americana. A partir de suas pesquisas, ela pôde compreender os aspectos coletivos que impactavam as singularidades, formulando ideias que criavam design e palavras para o que, a princípio, ela não tinha como nomear sozinha. Formula a tese a seguir:

> Minha tese é que o cerne do problema para as mulheres hoje não é sexual, mas um problema de identidade – um impedimento ou uma fuga do crescimento perpetuados pela mística feminina. Minha tese é que assim como a cultura vitoriana não permitia que as mulheres aceitassem ou satisfizessem suas necessidades sexuais básicas, nossa cultura não permite que as mulheres aceitem ou satisfaçam suas necessidades básicas de crescer e realizar seu potencial como seres humanos, uma necessidade que não é definida apenas por seu papel sexual (Friedan, 2020, p. 96-97).

Alertando, assim como Olympe de Gouges já havia feito, que não há respostas e soluções fáceis para a questão da mística feminina, ela propõe um novo plano de vida para as mulheres. É preciso que elas renunciem às ilusões veiculadas pela mística; da esposa, dona do lar e da mãe idealizadas, lidando com essas experiências como elas de fato são, a partir das realidades que experimentam na vida prática.

É preciso entender que a maternidade, o casamento e o cuidado do lar não trarão a satisfação completa ligada ao exercício de uma suposta verdadeira feminilidade. Que, enquanto seres humanas, as mulheres são múltiplas e podem se realizar em diferentes papéis e vocações, incluindo a vida familiar e a vida profissional, entre tantas outras possibilidades. Para que possam encontrar sentidos para suas vidas, é preciso que reconheçam o valor do trabalho que realizam no mundo, encontrando o reconhecimento dos seus esforços criativos nas trocas humanas.

Tanto Simone de Beauvoir quanto Betty Friedan, importantes representantes do início da terceira onda feminista, entenderam que era importante dar protagonismo ao discurso das mulheres em suas obras, para que elas pudessem falar sobre si mesmas e suas realidades; ao contrário de serem faladas e estudadas por sujeitos masculinos.

Como exemplo, no segundo volume de *O segundo sexo*, diferentes personagens da literatura francesa, grande parte delas de autoria feminina, demonstram as angústias, os prazeres e conflitos das diferentes fases da vida de uma mulher. Por sua vez, ao longo das centenas de entrevistas realizadas para a criação da obra ovular *A Mística Feminina*, Friedan pôde recolher os depoimentos e as narrativas que compunham um cenário amplamente coletivo, ainda que escutado a partir das singularidades de cada uma delas.

É relevante pontuar que existem diferentes feminismos, ou diferentes movimentos feministas, dentro do que consideramos a terceira onda feminista. Por isso, é correto dizer que não existe apenas um feminismo, pensando como um conjunto fechado, mas múltiplos feminismos, constituídos em conjuntos abertos, complexos e transformativos.

Penso que as diferentes ondas feministas continuam reverberando até os dias atuais, a depender do contexto social e da realidade subjetiva de cada mulher analisada. Em alguns lugares do mundo, as mulheres seguem lutando para ter acesso aos direitos políticos e educativos; em outros, continuam buscando o direito de decidir sobre os destinos do próprio corpo e como desejam viver as suas sexualidades.

Segundo Garcia (2015), o feminismo liberal, que tem em Betty Friedan a figura de liderança em sua fundação, com a Organização Nacional para as Mulheres (*National Organization for Woman*, NOW), no ano de 1966, nos Estados Unidos, é caracterizado pela busca da reforma no sistema, visando a inclusão das mulheres em cargos de poder nas empresas, nos governos e nas instituições. É o feminismo que melhor se adaptou aos critérios do *status quo*, sendo, até hoje, o mais difundido pela mídia e pelas organizações privadas e estatais.

Já o feminismo radical norte-americano, entre 1967 e 1975, obteve sua fundamentação teórica a partir das obras *A política sexual*, de Kate

Millet, e a *Dialética de sexualidade*, de Sulamith Firestone. Para as feministas radicais, não bastava, para a libertação das mulheres, ingressar nas engrenagens do sistema patriarcal.

Para o feminismo radical seria necessário transformar as relações entre os gêneros desde a vida pessoal, desconstruindo-as. Nesse sentido, a afirmação "o pessoal é político", presente no artigo de Carol Hanish (1970), é exata. O manifesto fundador, *New York Radical Feminist* (1969), cumpre a função de denunciar que a dominação masculina busca se satisfazer por meio da opressão psicológica, se convertendo em dominação econômica.

Com a nova esquerda insurgente, as mulheres percebiam que suas demandas específicas não eram escutadas; eram consideradas inferiores quanto às questões relativas à luta de classes. Assim, foi criado o Movimento de Liberação da Mulher, para que as demandas específicas da exploração das mulheres pudessem ser tratadas. Ademais, além de contribuir com inúmeras produções teóricas, "as radicais fizeram três contribuições: os grandes protestos públicos, o desenvolvimento de grupos de autoconsciência e a criação de centros alternativos de ajuda e autoajuda" (Garcia, 2015, p. 85).

Nos anos 80 do século XX, o feminismo se voltou para o tema da diversidade entre as mulheres. A crítica de uma suposta universalidade do feminino é aprofundada, indicando que não existe apenas uma mulher, categoria universal, mas mulheres, constituídas em suas diferenças, criadas em realidades culturais, sociais e econômicas muito distintas.

Os movimentos feministas se espalharam pelo mundo e encontraram mulheres que enfrentam as opressões da dominação masculina em diversas situações. Apesar de haver pautas em comum e semelhanças entre eles, como a erradicação da violência, da pobreza, a conquista e a defesa de direitos sociais para as mulheres etc., os feminismos são complexos, múltiplos e diversos.

Nesse contexto, o feminismo da diferença surge a partir da terceira onda feminista, e se constitui como um feminismo contemporâneo. A crítica ao modelo masculino hegemônico e a afirmação e positivação da diferença sexual (que não significa desigualdade); o reconhecimento de culturas femininas, de uma ordem simbólica e imaginária baseada nas relações criativas entre mulheres, são algumas características do movimento. Para Garcia, "entre as fórmulas para criar outra ordem simbólica dão especial atenção a arte, o cinema, a literatura, a música e as artes plásticas" (Garcia, 2015, p. 93-94).

O feminismo da diferença aconteceu com maior intensidade na Europa, mais especificamente entre a França e a Itália. O grupo francês *Psychanalyse et Politique,* fundado e liderado pela psicanalista Antoinette Fouque, se tornou uma referência importante no meio político e acadêmico.[50] Em 1974, Fouque também fundou a editora *Éditions de Femmes,* em vigor até os dias atuais, especializada em publicar textos e obras de autoria feminina e feminista.

Em intenso contato com a Psicanálise, como instrumento de transformação e subversão do sujeito e da identidade, as autoras do feminismo da diferença francês propõem pensar o inconsciente para além da ideologia patriarcal, que ainda reverbera na ortodoxia psicanalítica. Elas criticam o falo como único significante da sexualidade e as concepções androcêntricas e misóginas sobre a diferença sexual. Mais do que isso, formulam novas teorias e conceitos, que levam em consideração os aspectos coletivos e singulares do inconsciente, em suas tantas diferenças, partindo da diferença sexual, inovando nas formas de conceber e exercer a prática clínica e a política.

A psicanalista, filósofa e linguista Luce Irigaray, assim como as pensadoras Julia Kristeva (psicanalista, filóloga e romancista) e Hélène Cixous (filósofa, poeta e dramaturga), entre outras, são importantes representantes do movimento do feminismo da diferença francês. Elas trabalharam com a noção de escrita feminina, investindo no uso experimental, artístico e subversivo da linguagem, impulsionando as mulheres para escrever a partir de suas experiências reais, de seus corpos e de suas vidas. Também a fazer usos inéditos das palavras, sem se ater às normas e às regras que tentam domesticar a expressividade humana.

Na Itália, a publicação do manifesto *Rivolta feminnile* (1970) foi um marco. A criação da Livraria de mulheres de Milão e a Comunidade Filosófica Diotima são importantes realizações coletivas e dão o tom do movimento italiano, reunindo mulheres em torno de eventos, discussões e publicações sobre a diferença das mulheres.

Como indica Luciana Guerra, o que está em jogo para os escritos do feminismo italiano, é levar em conta "o sentido autoafirmativo e positivo da diferença" (Guerra, 2013, p. 20, tradução nossa). Positivar as

---

[50] Fouque conceitualiza uma libido própria ao sexo feminino; energia que ela chama de *libido creandi,* associada à criação.

diferenças das mulheres, mas também as diferenças étnicas, culturais e de classe social.

Confronta-se o paradigma moderno de uma suposta igualdade entre todos os seres humanos, demonstrando que a questão da exclusão da diferença sexual está em sua égide. Desse modo, a estratégia torna-se a positivação da diferença sexual e das diferenças humanas. "Em termos gerais, consideram a diferença sexual como a base de todas as outras diferenças e, nesta base, desenvolvem todas as suas práticas políticas militantes e escritos de sensibilização" (Guerra, 2013, p. 24, tradução nossa). Torna-se fundamental reconhecer que a diferença sexual é fundante na experiência humana com a alteridade.

> Fundante em vários sentidos: o primeiro, de ordem linguístico-ontológica; a partir da qual se seguem ordens políticas e científicas (incluindo a psicanálise) e sobretudo diversas legitimações filosóficas, como fundamento último da cultura em geral (Guerra, 2013, p. 34, tradução nossa).

Nessa perspectiva, Luisa Muraro publica a obra ovular *A ordem simbólica da mãe*, onde afirma que "saber amar a mãe cria ordem simbólica" (Muraro, 1994, p. 21, tradução nossa). A autora defende que, para além da necessária crítica ao patriarcado, apenas a afirmação da relação com a mãe pode trazer para as mulheres e para a sociedade uma outra experiência com a dimensão simbólica, fundamentada na "capacidade de significar livremente a grandeza feminina, que encontrei e reconheci plenamente nos meus primeiros anos de vida [...]. No corpo a corpo com a potência materna" (Muraro, 1994, p. 21-22, tradução nossa).

Para Muraro, a história humana começa com a relação materna, muito além da autoridade e dos códigos e leis que organizam a ordem simbólica, mas não sem estar inscrita na História. Pois é a mãe, ou quem ocupa a função materna, quem introduz a possibilidade da mediação, em um *continuum* entre natureza e cultura, entre dependência e autonomia. "O *continuum* materno, como estrutura natural e simbólica, pertence à filha. Na cultura tradicional há a falta da potência materna e da genealogia feminina" (Muraro, 1994, p. 71, tradução nossa). Também, se produz uma ideia de ruptura entre natureza e cultura, onde a cultura se impõe como superior à natureza, violentando-a.

A experiência feminina, quando não encontra a possibilidade de auto significação, se torna presa dos que detêm o poder dos códigos culturais. Para Luisa Muraro, "somente a gratidão pela mulher que a trouxe ao mundo pode dar a uma mulher o sentido autêntico de si mesma" (Muraro, 1994, p. 93, tradução nossa). Quando descobre a necessidade simbólica da mãe, ela pode escutar a si mesma, na desproporção de seus desejos e medos, ou seja, em sua complexidade humana, encontrando a sua tradução em autoridade simbólica.

No contexto do feminismo da diferença francês, foi estabelecido forte contato crítico com influentes pensadores do cenário intelectual da época, como o psicanalista Jacques Lacan— e sua ênfase na relação entre o inconsciente e a linguagem.[51] Também com o filósofo Michel Foucault e os conceitos de genealogia[52] e de historização do corpo, e com o filósofo Derrida, que introduz e trabalha com as noções de *différance*[53] e logocentrismo[54].

Ainda sobre a relação entre o feminismo francês e a Psicanálise, Carla Françoia indica que:

> Essa nova revisão crítica da psicanálise trouxe à tona elementos importantes para a questão da mulher, do feminino e da diferença sexual, a saber: a articulação entre cultura e psiquismo, entre desejo e poder, determinações anatômicas e ordem simbólica, entre gênero e identidade sexual/sexuação (Françoia, 2018, p. 103).

A seguir, aprofundaremos nas articulações que a psicanalista e feminista da diferença Luce Irigaray teceu entre os corpos sexuados e as linguagens, abordando-as a partir de uma perspectiva autoral, feminina e feminista.

---

[51] "O feminismo da diferença sexual pensou a subjetividade como um processo de relações estruturantes entre a realidade e o simbólico e, por isso, noções lacanianas de identidade, linguagem e sexualidade são fundamentais para pensar o sujeito como um processo, apartado da ideia de sujeito racional" (Françoia, 2018, p. 105).

[52] Segundo Garcia, a genealogia pode ser entendida como o "[...] método desconstrutor das relações de poder [...]". Nesse sentido, o feminismo da diferença propõe "uma genealogia feminina, que recupere protótipos literários e mitológicos, galeria de mulheres ilustres que busque a construção do imaginário, da simbologia, da memória e da presença feminina e que inclua portanto mulheres reais e fictícias, feministas ou não" (Garcia, 2015, p. 104).

[53] "Numa certa face de si mesma, a différance é certamente apenas o desdobramento histórico e de época do ser ou da diferença ontológica. O 'a' da différance marca o movimento desse desdobramento" (Derrida *apud* Plante, 2019, p. 23, tradução nossa). "Nesta passagem não se trata de uma diferença constituída (seja ela qual for), mas do movimento da diferença — différance" (Plante, 2019, p. 30, tradução nossa).

[54] "'Logocentrismo' é o termo que Derrida usa para designar a forma dominante da metafísica do pensamento ocidental, sistema de pensamento esse baseado na lógica da presença para a busca da verdade e para o acesso aos conceitos e às coisas em estado puro e transparente" (Cossi, ano, p. 29).

3.2 A PLURALIDADE DO SEXO FEMININO

Luce Irigaray não foi a primeira psicanalista a denunciar de modo sistemático o fato de que o sexo feminino tenha sido pensado historicamente em parâmetros masculinos. Como vimos no capítulo anterior, Karen Horney, pioneira da psicanálise, já o havia feito, logo nas primeiras décadas do século XX. Além dela, outros psicanalistas, figuras de grande renome na história da psicanálise, foram capazes de pensar o sexo feminino e a sexualidade feminina para além da lógica fálica.[55] Entretanto, a maneira como Irigaray aborda as questões é extremamente original.

Além de ter criado uma teoria a respeito das particularidades do sexo feminino, Irigaray demonstrou como a dominação simbólica do macho se efetua no Ocidente, desde os clássicos gregos[56] até a psicanálise freudiana. Ela, de fato, fez arte erótica contemporânea, dando luz às expressões que falam da pluralidade feminina a partir de um lugar estético, poético, potente e sensível. Com ela, sexo, sexualidade, corpo e linguagem se entrelaçam em uma dança transformadora.

Assim como Freud e Horney, Irigaray considera como feminino o sexo da fêmea humana, e como masculino, o sexo do macho humano. Como eles, ela também chama de mulher a fêmea humana e de homem o macho humano. Para a autora, a sexualidade feminina, de outra sorte, é o exercício do prazer e do erotismo vivenciado pelo sexo feminino, e desse modo, experimentado pela mulher. O gozo feminino, mais além, ultrapassa as formas estabelecidas pela natureza e pelo domínio simbólico do macho, e não permanece restrito às fêmeas humanas, nem mesmo às mulheres e às sexualidades femininas. Pode ser vivenciado por todos os seres que se abrem para as multiplicidades das experiências sensíveis, incluindo as satisfações eróticas, que, por sua vez, se entrelaçam com as satisfações cósmicas e com as manifestações divinas.[57]

---

[55] Entre eles Ernst Jones e Melanie Klein, que apesar da importância de suas teorias para o tema em questão, não serão contemplados no presente trabalho. Em *Este sexo que não é só um sexo*, Luce Irigaray indica que Klein foi a segunda psicanalista que, depois de Karen Horney, contestou a abordagem freudiana sobre a inveja do pênis para o desenvolvimento da sexualidade feminina. Para Klein, "a inveja do pênis é uma formação reativa, secundária, um paliativo a dificuldade da menina, da mulher, em sustentar o seu desejo" (Irigaray, 2017, p. 63).

[56] Trabalho atênico (relativo a Atena, deusa grega da sabedoria e da estratégia) realizado em sua tese de doutorado *Spevulum de l'autre Femme*.

[57] Em um próximo trabalho, desejo fazer uma investigação sobre a abordagem do erotismo pela via do Tantra (prática e sabedoria indiana milenar) e suas possíveis relações com o gozo feminino.

Segundo Irigaray, a abordagem lacaniana sobre o sexo feminino e seu gozo específico não contraria aquela de Freud (apresentada no primeiro capítulo desta tese), muito pelo contrário. O que fez Lacan, que se considerou, em suas palavras, ele próprio um freudiano, foi elaborar as contribuições de Freud, atualizando os conceitos freudianos para a sua época, fortalecendo-os e refinando-os (*a la française*) em uma dimensão estrutural e lógica.

No caso da inveja do pênis, por exemplo, Lacan buscou descolar o órgão do macho, o pênis, do significante do desejo e da falta, o falo. Algo que, de certo modo, Freud já havia feito, ao demonstrar o deslocamento simbólico da inveja ou desejo do pênis para o desejo de filho, e de outras realizações consideradas fálicas, como os estudos e o trabalho. Entretanto, essa descolagem do órgão e do significante, como sabemos, é algo que não se realiza completamente, pois o referente primordial e imaginário do falo continua sendo o pênis, como podemos observar ao longo do ensino lacaniano. Ainda, à falta do pênis freudiano, Lacan adiciona, no caldeirão dos bruxos machos, o ingrediente da ausência de um significante que represente o sexo feminino no inconsciente.

Ademais, o que Freud chamou de continente negro, o enigma da feminilidade, oportunizou a Lacan, em seu seminário *Mais ainda*, abordar o gozo feminino no grafo da sexuação, pela via do gozo não todo fálico. Nesse seminário, Lacan se distancia das diferenças anatômicas entre os sexos para pensar as distintas modalidades de gozo.

No grafo, de um lado está o gozo todo fálico, masculino, relativo a um conjunto fechado, universal, fundado por uma exceção mítica (o pai da horda primitiva) que produz uma regra que se aplica a todos. De outro lado, se situa o gozo não todo fálico, feminino, relativo a um conjunto aberto, não universal, fundado pela ausência de uma exceção mítica do lado do feminino, o que não produz uma regra que se aplique a todas as mulheres. Logo, a falta de uma universalidade feminina possibilita a existência de singularidades não-todas.

A perspectiva de Lacan sobre o gozo feminino é interessante e problemática ao mesmo tempo. Se ele entende o feminino como não todo fálico, há algo desse gozo que não se limita ao significante, ao falo, ao desejo e a falta. Há algo de ilimitado que constitui a experiência de quem se situa em sua subjetividade como não toda, como singular, aberta e inacabada, o que nos parece extremamente interessante enquanto campo fértil e criativo para o sujeito nômade no contemporâneo.[58]

Entretanto, ainda nessa perspectiva lacaniana, o que escapa a lógica universal do falo, do mesmo, não pode se dizer, não pode se expressar em nenhuma linguagem articulável possível. Esse é o ponto que, junto com Irigaray, consideramos problemático. Essa impossibilidade de abordar as especificidades do sexo e do gozo feminino pela linguagem não é algo relativo à natureza humana, ou ainda à estrutura da linguagem humana, mas sim, à construção da ordem simbólica patriarcal, que, através do exercício de sua dominação, pela via do significante, exclui de seu universo de representações o que considera como diferente ou estranho.

Parece-me que Luce Irigaray embarca na viagem com Lacan, mas somente até certo ponto. Ela adentra a abertura criativa possibilitada pela singularidade múltipla do gozo feminino, contudo, discorda veementemente do fato de que as especificidades femininas permaneçam silenciosas, misteriosas, habitantes de um continente desconhecido, mudo e invisível.

Segundo a psicanalista, nesse sentido, "o importante é desconcertar a montagem da representação segundo parâmetros exclusivamente masculinos" (Irigaray, 2017, p. 81). Com a sua obra, que também possui dimensões éticas e políticas, ela defende a redescoberta simbólica do feminino, pela via da desconstrução do falocentrismo, por meio da genealogia feminina, e pelo reconhecimento do imaginário feminino, expresso em sua transitoriedade e em suas diferentes formas.

Ao pontuar a prevalência do olhar para o erotismo masculino, Irigaray distingue que essa modalidade permanece estranha ao erotismo feminino. "A mulher goza mais com o toque do que com o olhar..." (Irigaray, 2017, p. 36) e o seu sexo é aquele que se toca constantemente com os lábios. No predomínio do olhar, ao sexo feminino falta algo, e o "seu sexo representa o horror do nada para se ver. Uma falha nessa sistemática da representação" (Irigaray, 2017, p. 36). Para a cultura que cultua o

---

[58] No artigo *Diferença, Diversidade e subjetividade nômade*, Rose Braidotti discute que a Pós-modernidade produz uma visão não unificada do sujeito, que, por meio da mobilidade e da aceleração nos processos de trânsitos e de telecomunicações, se desloca de suas raízes identitárias. Contudo, ao traçar uma cartografia política da subjetividade, indica que também desponta, nesse contexto de fluidez, mudanças e transições "o ressurgimento do regional, local, étnico, cultural e outras diferenças não apenas entre os blocos geopolíticos, mas também *dentro* deles" (Braidotti, 2002, p. 1).

falomorfismo, o sexo feminino é percebido como um não sexo, no negativo, o avesso do único sexo possivelmente representável: o órgão fálico.

> O um da forma, do indivíduo, do sexo, do nome próprio,
> do sentido próprio... suplanta, separando e dividindo, esse
> toque de pelo menos dois (lábios) que mantêm a mulher em
> contato com ela mesma, mas sem discriminação possível
> daquilo que se toca (Irigaray, 2017, p. 36).

Como indica a psicanalista, nada é mais avesso ao sexo feminino do
que a lógica do um, pois o sexo feminino é múltiplo, plural. As satisfações
sexuais se dão em diferentes partes do corpo feminino, e de diferentes
modos. Há o gozo clitoridiano, o vaginal, o prazer na penetração, que toca
o clitóris por dentro, o prazer em sentir a pressão na cavidade interna,
sentir o estímulo em vai e vem na parede vaginal, a sensação do toque no
colo do útero, no sugar dos seios etc. E, então, os líquidos que fluem dos
rios internos... o leite, as lágrimas, o sangue etc.

É o espelho côncavo, junto com a intervenção do espéculo, "um
instrumento que separa dois lábios, as vagas, as paredes, para que o olho
possa penetrar no interior" (Irigaray, 2007, p. 130, tradução nossa) que
é capaz de colocar luz na caverna onde o mundo se reflete e vislumbra a
interioridade exterior, ou a extimidade do sexo feminino.

Desse modo, para Irigaray, o reconhecimento do imaginário sexual
é crucial, assim como do simbólico feminino. A partir das diversas formas
do corpo sexuado e de seus gozos, tornar-se capaz de pensar e sentir poe-
ticamente com o uso de linguagens múltiplas que legitimam as diferenças
humanas. Tal é a sua aposta ousada, a qual nos unimos.

A mimese também é convocada para as expressões do feminino.
Retomando Platão, ela indica que para o filósofo existem duas mimeses,
uma ligada à produção, vinculada ao campo da música, e a mimese associada à imitação e à reprodução. A potencialidade expressiva no campo
do feminino seria possível por meio da primeira delas. Ironicamente, a
mimese produtiva e musical é comumente reprimida, enquanto a mimese
reprodutiva e imitadora é estimulada. Devido à lógica do espelho plano,
que só é capaz de refletir o mesmo, o que se assemelha, sem descobrir o
que está oculto, as mulheres buscam reproduzir e imitar o modelo masculino em suas existências (Irigaray, 2017, p. 151).

A histórica exclusão do imaginário feminino fez com que esse só pudesse ser experimentado em fragmentos,[59] em "escombros privados de conexão", "nas bordas pouco estruturadas de uma ideologia dominante, como dejetos, ou excessos, de um espelho do qual se apossou o sujeito (masculino), para nele se refletir, redobrar-se". (Irigaray, 2017, p. 40).

Entretanto, mesmo que este imaginário pudesse se experimentar sem tal fragmentação, sem tal violência, ele não se representaria na forma de um universo fechado, a não ser quando em uma aposta no maternalismo fálico[60]. Na competição fálica, rivalizando com o homem, "nessa corrida ao poder, a mulher perde a singularidade do seu gozo [pois quando se fecha em um volume] ela renuncia ao prazer que lhe vem da não sutura de seus lábios..." (Irigaray, 2017, p. 40).

Sendo assim, a multiplicidade do gozo feminino se realiza em um conjunto aberto e ilimitado. Trazendo o outro (outro lábio, outro gozo, outro sexo etc.) tão próximo de si, a própria noção de identidade unívoca se perde. Assim como seu sexo é plural, a mulher também o é.

> Portanto, (re)encontrar-se, para uma mulher, não poderia significar senão a possibilidade de não sacrificar nenhum de seus prazeres a um outro, e de não se identificar com nenhum em particular – de não ser nunca simplesmente uma. Uma espécie de universo em expansão, ao qual nenhum limite poderia ser fixado, não havendo, assim, qualquer incoerência" (Irigaray, 2017, p. 41).

Segundo Irigaray, no patriarcado, foi a exclusão de importantes referências simbólicas femininas, por exemplo, a exclusão das deusas femininas do panteão,[61] das obras de pensadoras mulheres, das criações das artistas, que fez com que o imaginário feminino, inclusive o imaginário corporal e sexual, não encontrasse formas hábeis de existir, a não ser como incompleto e fragmentado, a partir das referências masculinas dominantes. Nesse ponto, argumenta, a inveja do pênis, tão enfatizada

---

[59] A obra da poetisa Safo, reunida em seus *Fragmentos*, é um clássico exemplo de tal realidade. A autora produziu inúmeros textos e músicas na Grécia antiga, material que foi reconhecido como fonte de inspiração por escritores de sua época, e teve as suas criações despedaçadas ao longo do tempo. Hoje, podemos encontrar apenas o que sobrou do extravio da obra de Safo, do que restou de seus Fragmentos; uma única poesia, dedicada à deusa Afrodite, chegou intacta aos dias atuais.

[60] Para Irigaray, o matriarcado é um exemplo do exercício do maternalismo fálico.

[61] "A trindade feminina nos falta. Mas sem um divino que lhe convêm, a mulher não pode realizar sua subjetividade segundo um objetivo que lhe corresponda. Falta-lhe um ideal que seja para ela uma meta a ser alcançada" (Irigaray, 1987, p. 76, tradução nossa).

por Freud, surge como um sintoma defensivo, que afasta a mulher de sua história política, social, cultural e econômica, ao passo que a impede de agir em prol da transformação do seu destino.

Contudo, voltar aos rituais totêmicos ou simplesmente reproduzir o simbolismo fálico não é a proposta que nos interessa aqui, junto com Irigaray, como estratégia para reconhecer e valorizar a multidimensionalidade simbólica do feminino. As abordagens femininas, segundo a autora, seriam diferentes da imposta pela coerência discursiva, pois recusariam "o fechamento e a regularidade do discurso" (Irigaray, 2017, p. 173). Essa lógica, feminina, vinculada a outro tipo de economia, uma "economia dos fluxos" (Irigaray, 2017, p. 167), ligada a experiência sensível do toque, privilegia a existência do próximo como alteridade constituinte de si.

> Onde o tocar dá à mulher uma forma que se transforma infinita/indefinidamente sem se encerrar na sua apropriação. As metamorfoses nas quais nunca consiste um todo, nem a sistematicidade do Um insiste. As transmutações são sempre imprevisíveis porque não contribuem para a realização de um telos" (Irigaray, 2007, p. 212, tradução nossa).

3.3 REVIVER A MÃE!

Ao longo de sua obra, Luce Irigaray critica amplamente a racionalidade falogocêntrica[62] do mundo ocidental. Um pensamento chamado de *logos spermatikos*[63] (Irigaray, 2002, p. 27) que se caracteriza por conceber a realidade por meio da perspectiva dele, uma lógica excludente e incapaz de reconhecer a diferença. Podemos notar que, com o termo, a questão da diferença sexual está incluída no pensamento. Desse modo, *logos spermatikos* é o modo de pensar concebido pelo sexo masculino; modo que, na concepção de Irigaray, não deve ser tratado como o pensamento universal. Em sua crítica, ela vai além da problematização, ao criar e propor uma outra maneira de abordar as existências, os corpos e as criações das linguagens.

Se Karen Horney argumenta que a dominação masculina é sustentada pela inveja da maternidade, Irigaray pontua que a civilização patriarcal se funda sob o matricídio, pelo assassinato simbólico da mãe. A relação

---

[62] União do termo "logocentrismo" com o termo "falo", significante centralizador da sexualidade e da linguagem, desde a perspectiva clássica e masculina do inconsciente.

[63] Razão geradora ou razão semeadora para os estoicos.

com a mãe e com seu desejo, considerado nesse contexto como louco, constitui o continente negro do inconsciente, sob a égide da abordagem falofreudiana. Tendo o seu desejo interditado pelo pai, como descreve a teoria lacaniana,[64] a função da mãe seria a de transmitir a ordem simbólica masculina para a criança, por meio da linguagem orientada pelo significante fálico e regida pela lei paterna.

> Quando Freud descreve e teoriza, notadamente em Totem e Tabu, a morte do pai como fundadora da horda primitiva, ele esquece uma morte mais arcaica, a da mulher-mãe, necessária para o estabelecimento de uma certa ordem na cidade (Irigaray, 1987, p. 23, tradução nossa).

A psicanalista lança mão da mitologia presente na tragédia grega *Oréstia*, para demonstrar o matricídio fundante da cultura patriarcal, mito que ressalta continuar extremamente atual.

Na narrativa, Clytemnestra está bem longe do ideal da mãe-virgem estabelecido após centenas de séculos de repressão da sexualidade feminina. A personagem é apresentada como uma mulher passional que acaba matando Agamenon, o próprio esposo. Agamenon sacrifica Efigênia, sua filha com Clytemnestra, para que os ventos voltassem a soprar e a viagem para Troia pudesse acontecer. Clytemnestra jamais o perdoa. Quando a Guerra de Troia finalmente acaba Agamenon retorna e Clytemnestra o mata.

A seguir, seu filho Orestes, para vingar a morte do pai, e inspirado pelo oráculo de Apollo, mata Clytemnestra, sua mãe. "Orestes mata sua mãe porque o império do Deus pai e sua apropriação das potências arcaicas da terra-mãe o exigem" (Irigaray, 1987, p. 24, tradução nossa). Após matar a própria mãe, Orestes fica louco, perseguido pelas Eríneas[65], que buscam a vingança pela morte de Clytemnestra. Entretanto, o Deus Apollo finalmente intervém e salva Orestes da loucura, afinal, ele havia agido conforme a sua orientação. Sendo assim, o assassino é perdoado

---

[64] No seminário 5 Lacan apresenta os três tempos lógicos do complexo de édipo. Resumidamente: no primeiro tempo, o bebê que vem ao mundo representa o falo para a mãe; no segundo tempo, o nome do pai barra o desejo incestuoso da mãe e funda a divisão do sujeito; no terceiro tempo, o pai aparece como o ideal buscado pelo sujeito. Na metáfora paterna, o significante nome do pai barra o desejo da mãe e produz a significação fálica para o sujeito, em sua relação com o enigma do desejo do Outro.

[65] As Eríneas são deusas da vingança, entidades que castigam aqueles que cometem crimes, torturando-os e enlouquecendo-os. Elas são representadas como mulheres revoltadas, "tipo de histéricas revolucionárias que se insurgem contra o poder patriarcal" (Irigaray, 1987, p. 24, tradução nossa).

por matar a mãe em nome do poder superior do pai. O matricídio simbólico está posto.

Na tragédia de Sófocles, que conta a vida de Édipo, o destino é diferente. Édipo casa com a mãe biológica e tem filhos com ela, mas só enlouquece quando descobre fazer parte de uma relação incestuosa, tendo ele matado o próprio pai e, sem o saber, casado com a mulher que lhe deu à luz. Sem saber, Édipo agiu contra os dois tabus primordiais, não matar o pai e não fazer sexo com a mãe. O pai, nesse caso, não foi capaz de impedir a relação incestuosa entre mãe e filho, e disso decorre a tragédia que inspira Freud a criar um dos conceitos mais centrais de sua teoria sobre a sexualidade e o inconsciente.

A relação arcaica com o corpo da mãe e com a vida pulsional envolve, como nos diz a psicanálise, os seios, "o leite que ela dá para beber, as vezes que ela pega (presente, que pode lhe interessar mais ou menos) e mesmo seu olhar e a sua voz" (Irigaray, 1987, p. 25, tradução nossa). O corpo a corpo com a mãe extimidade a chamada fase pré-edípica extimidade só é abordada por Freud a partir do complexo de Édipo, estabelecendo a lei do pai como o seu ponto de referência.

O que escapa a essa lei é considerado como o enigma da feminilidade. Desse modo, o falo[66] "se torna o organizador do mundo para o homem-pai lá onde o cordão umbilical, primeiro laço com a mãe, dá nascimento ao corpo do homem e da mulher" (Irigaray, 1987, p. 26, tradução nossa). O umbigo, cicatriz que é a primeira marca da separação, é também uma lembrança eterna da nossa ligação visceral com o corpo da mãe. O pai interdita a relação de corpo a corpo com a mãe, e ainda:

> A exclusividade de sua lei distorce esse primeiro corpo, essa primeira casa, o primeiro amor. Ela os sacrifica para torná-los materiais para o império de uma linguagem que privilegia o gênero masculino a ponto de confundi-lo com o gênero humano (Irigaray, 1987, p. 27, tradução nossa).

Luce Irigaray questiona: onde estão as criações humanas sobre a vida intrauterina? Onde estão as representações simbólicas e imaginárias da relação de corpo a corpo com a mãe? Em qual crepúsculo elas foram esquecidas? Qual a atenção que a cultura e a psicanálise dão para o órgão feminino da placenta, nossa primeira casa, onde vivemos e fomos todos

---

[66] Órgão e significante.

alimentados, onde se formou o nosso corpo, os nossos membros, incluindo o nosso sistema nervoso, dentro do corpo de nossa mãe?

Quando foi que a abertura da mãe, o seu ventre, o seu caldeirão vital, ou ainda, a abertura à mãe, se tornou o horror da ameaça de castração? Quando foi que os seus lábios eróticos, portais da vida humana na Terra, se tornaram uma ameaça à ordem vigente, a imagem de uma vagina dentada?

> A mãe tornou-se um monstro devorador como resultado do consumo cego dela. Seu ventre, às vezes sua garganta, estão abertos pela gestação, pelo nascimento, pela vida que ali foi dada sem reciprocidade. Senão o assassinato, real e cultural, para anular a dívida? Esquecer a dependência? Destruir a potência? (Irigaray, 1987, p. 27, tradução nossa).

A matriz fantasmagórica masculina, com seu universo simbólico desenraizado, "para esquecer a dependência", ou ainda tentar "destruir a potência", como sugere Irigaray, transformou a relação primordial com a mãe em algo misterioso, indizível e quiçá assustador. Ao recusar o seu poder criativo, concebendo o sexo feminino como um receptáculo passivo do sexo masculino, a fantasia do macho buscou estabelecer um único criador, o pai, um único significante, o falo, segundo a lei cultural. E com a cultura patriarcal, como ensina Irigaray, há a imposição dos símbolos "que não se enraízam mais", mas que buscam demarcar violentamente os territórios, furando os ventres de Gaia, também os de Pacha Mama, com as suas bandeiras e estacas identitárias.

Nesse contexto violador, desaparecem as representações da sexualidade feminina, da potência criativa da mãe-mulher, e a "ereção fálica, não toda potente, será então uma versão masculina do cordão umbilical". Fato que transformou o sexo masculino em "instrumento de poder para dominar a potência materna" (Irigaray, 1987, p. 29, tradução nossa).

Luce Irigaray sustenta que as mulheres precisam coletivamente acordar desse pesadelo, saindo da fantasia masculinista que não é a nossa. Parar de agir segundo o medo de um assassinato originário de sua potência criativa, fantasia que não é de nossa culpa e muito menos de nossa responsabilidade. Será melhor se construirmos as nossas próprias fantasiais, mais autênticas e condizentes com os nossos múltiplos modos de vidas na atualidade. Por exemplo, apesar da potencialidade de engendrar a vida, as mulheres não se limitam pela possibilidade de criar filhos, o que deve ser uma escolha, evidentemente, dentre tantas outras possíveis. É importante nos assegurar coletivamente de nossas criações nos campos do amor, do desejo, da linguagem, da arte, da política, da economia, da religião etc.

Nessa direção, é preciso fazer reviver a mãe, descontruindo, no coletivo e na singularidade de cada vida, o mito fundante do seu assassinato simbólico.[67] Precisamos restabelecer as nossas ligações vitais, os nossos cordões umbilicais, com as genealogias femininas. Retecer os laços com as nossas mães, avós, bisavós, e com todas e cada uma de nós, nos dar o "direito ao prazer, ao gozo, à paixão [...] o direito à palavra, ao grito e à cólera" (Irigaray, 1987, p. 29, tradução nossa).

Reconhecer as existências das genealogias femininas, nas nossas famílias, em nossas escolas, nos mais variados trabalhos, nas universidades, nos museus e em tantos outros lugares, tanto como na História, na teoria e na clínica de Psicanálise. É preciso lembrar que temos uma ancestralidade feminina e que, mesmo em face as tantas resistências, as mulheres construíram juntas, e cada uma delas, a vida que aqui compartilhamos como seres humanos na Terra.

> Temos também que encontrar, redescobrir, inventar as palavras, as frases que expressam a relação mais arcaica e mais atual com o corpo da mãe, com nosso corpo, as frases que traduzem a ligação entre o corpo dela, o nosso, o das nossas filhas. Temos que descobrir uma linguagem que não substitua o corpo-a-corpo, como a linguagem paterna tenta fazer, mas que o acompanhe, falas que não bloqueiem o corporal, mas que falem corporalmente (Irigaray, 1987, p. 31, tradução nossa).

3.4 OUTRAS LINGUAGENS

Como ensina Irigaray, desde os tempos dourados da Grécia, ocorreu a quebra da continuidade entre os microcosmos e os macrocosmos. "Filosofia, religião [...] linguagem, o progresso tornou-se construção de um sujeito sociológico separado de seu enraizamento cosmológico e bioló-

---

[67] No contexto da cultura brasileira, a socióloga Lélia Gonzalez, que também trabalhou muito com a teoria da psicanálise em seus estudos, fala sobre a mãe preta na origem da cultura e da língua brasileira, que ela chamou de pretoguês. Em seu artigo *Racismo e Sexismo na cultura brasileira*, a autora aponta que a mãe preta é aquela que nutre, cuida e transmite a linguagem para seus filhos, os biológicos e os de criação, subvertendo a ideologia branca dominante.

gico" (Irigaray, 2002, p. 33, tradução nossa). O sacrifício das relações dos seres humanos com o cosmos provocou o "declínio do caráter divino da diferença sexual" (Irigaray, 2002, p. 33, tradução nossa), acontecimento associado à destruição das religiões e das culturas femininas de culto às deusas, práticas ancestrais que valorizavam as relações entre as mulheres, entre mães e filhas, entre amigas e companheiras etc.[68]

As genealogias masculinas, idealizadas e desencarnadas, foram impostas como as únicas origens de mundos possíveis; e para a tradição filosófica do ocidente, o mundo vivo, cósmico e pulsante, parou de existir. A verdade masculina foi então fixada como eterna, fora da transitoriedade imperfeita da matéria, postulada como feminina.

A palavra "matéria" vem do latim *mater*, mesma raiz etimológica da palavra mãe. O tempo da vida, da matéria, em conexão com o ritmo cósmico, é cíclico. Nascimento, crescimento, morte. Inverno, primavera, verão, outono. Os movimentos planetários, solares e lunares. A sexualidade feminina manifesta esta característica cíclica.[69]

De modo geral, a regulação hormonal e os estágios da vida reprodutiva da sexualidade masculina demonstram maior constância. Sendo assim, como indica Irigaray, as flutuações da sexualidade feminina são depreciadas pelos "portadores da verdade", "assim como os ciclos da lua e até mesmo da terra" (Irigaray, 2002, p. 45-46, tradução nossa), e os modelos que refletem a estabilidade da sexualidade masculina são tomados como o único padrão desejável, reflexo de uma suposta verdade universal imutável.

Tais modelos de pensamento produzem cisões dualistas entre corpo e mente, emoção e razão, natureza e cultura, feminino e masculino etc.

---

[68] "A maior parte das pessoas não tem consciência que vivemos em uma bola de pedra de 12 mil quilômetros de diâmetro [...] e que tem uma capa de gás em volta, e que fora é o espaço exterior. [...] A Terra viaja a 108 mil quilômetros por hora em volta do sol, quase 30 quilômetros por segundo, 90 vezes a velocidade do som. Estamos viajando todo o tempo. A Terra faz esse percurso a 4,5 bilhões de anos. Essa película delgada de gás que chamamos de 'película de Gaia', na expressão de Bruno Latour, é o que permite a existência de vida na Terra. [...] Nós não temos noção do que significa estar aqui. [...] O Sol viaja em outro eixo a 72 mil quilômetros por hora, no braço da galáxia, que é o braço de Oreon, e a galáxia inteira, que tem 100 mil anos luz de diâmetro, viaja em uma outra direção, a 2 milhões e meio de quilômetros por hora. Toda essa grandiosidade, do qual fazemos ínfima parte, não está no senso comum moderno, mas está no senso tribal, ancestral. [...] Existe experiências que chamamos de sagrado e reverência. Quando algo é muito grandioso o nosso cérebro racional e reducionista fica silencioso, porque extrapola a nossa capacidade de pensar". (Transcrição adaptada de partes selecionadas da fala do professor e pesquisador Antonio Nobre, na aula do Módulo Terra Viva, do Certificado Ciências Holísticas e Economia para Transição, em 22 de abril de 2020).

[69] Como vimos no capítulo sobre o pensamento de Karen Horney, sobre o grande ciclo rítmico do sexo feminino, a dança da serpente.

Nesse sentido, as mulheres se tornam as representantes da ligação com o mundo material, cósmico, cíclico e natural, enquanto os homens são considerados como separados dele, possuidores de uma qualidade de abstração absoluta, desconectada de suas raízes relativas e biológicas.

A desconexão do corpo com o espírito, da emoção com a razão, do feminino com o masculino, tem como efeito fundamental a desconexão com o ato vital da respiração. Podemos ficar muitos dias sem comer, alguns dias sem beber, mas não podemos ficar mais do que poucos minutos sem respirar. O ato de respirar é nossa relação mais próxima do fato de estarmos vivos. Quando nascemos dos corpos de nossas mães, a nossa primeira ação é respirar. Antes de nascer, somos alimentados e respiramos pelo corpo de nossa mãe. Antes de nascer, nossa respiração é a respiração de nossa mãe. Respiramos com a matéria da mãe, que é também o sopro de seu espírito.

Para Irigaray, a transformação de nossa relação com o mundo e suas linguagens começa pela mudança de nossa relação com o simples ato de respirar; pela conscientização da respiração. "Primeiro, aprendi a respirar. Respirar, a meu ver, corresponde a assumir o controle da própria vida. Somente a mãe, durante a gravidez, respira no lugar da criança" (Irigaray, 2002, p. 50, tradução nossa).

No patriarcado, aprendemos a viver alienados de nossos corpos e de nossos atos vitais mais básicos e elementares. Em uma cultura que favorece a destruição em detrimento da promoção da vida, vivemos desconectados de nossa conexão mais fundamental com a vida, a respiração. "Nas tradições patriarcais, a vida individual e coletiva quer e acredita ser capaz de se organizar fora do ambiente do mundo natural" (Irigaray, 2002, p. 50, tradução nossa).

Equivocadamente arrogantes, as pessoas acreditam ter se separado do mundo natural, por meio da cultura, da técnica e da razão, apostando em uma hierarquia que alça a construção da civilização em um patamar superior à existência dos outros seres vivos e dos outros elementos da natureza, considerados como inferiores. Nessa visão antropocêntrica, a dimensão espiritual da existência seria exclusiva dos seres considerados como superiores e mais evoluídos.

> Esta divisão errada entre corpo e alma reflete-se, além disso, na nossa concepção da diferença dos sexos. A mulher seria o corpo, da qual o homem seria o espírito; a mulher

representaria a vida natural e o homem a vida espiritual (Irigaray, 2002, p. 77, tradução nossa).

Assim, a vida espiritual se tornou autoritária, guiada pela realização de uma só verdade, de um só caminho possível para a elevação da alma humana na Terra. Ser espiritual tornou-se sinônimo de negar a vida material, de rejeitar o corpo, de maltratar a matéria e destruir a natureza. O espírito, visto como algo distinto do corpo e das emoções, precisa ser cultivado moral e intelectualmente, pela via de práticas assépticas e sacrificiais. O desenvolvimento das religiões monoteístas transformou em pecado as antigas práticas das religiões politeístas, onde a diversidade das formas de vida era cultuada em símbolos que uniam os seres humanos aos outros animais e aos diversos elementos da vida orgânica.

E o que isso tem a ver com a respiração? Convido você a inspirar e expirar profundamente.

Para Irigaray, a respiração está visceralmente entrelaçada com os atos, especialmente com a fala e com as palavras ditas. É impossível falar sem respirar, pois ambas estão conectadas com o elemento ar. Falar é respirar. Inspirar e expirar o ar. Contudo, a maior parte das pessoas vive em uma profunda alienação da própria respiração, assim como elas se mantêm alienadas de seus corpos e de suas emoções, que constituem a arte das linguagens que se manifestam na fala e no uso das palavras.

> Deste ponto de vista é interessante notar que as pessoas que não respiram, ou que respiram mal, não conseguem parar de falar. É a sua maneira de respirar e, principalmente, de expirar para respirar novamente (Irigaray, 2002, p. 50, tradução nossa).

As pessoas se tornam autoritárias quando buscam bloquear o fluxo contínuo e espontâneo do rio da vida, também conhecido como Tao[70].

> Tornam-se dogmáticos ao esquecerem o dom que vem do mundo vivo – em particular do mundo vegetal – e dos corpos humanos – em particular dos corpos femininos. Infelizmente, a maior parte das tradições filosóficas e religiosas patriarcais agem desta forma: substituíram a vida pelas palavras, sem estabelecerem as ligações necessárias entre as duas (Irigaray, 2002, p. 51, tradução nossa).

---

[70] Tao, que em chinês significa caminho, é concebido como o fluxo vital, a espontaneidade natural, a experiência que existe para além das palavras e do intelecto. Segundo Lao Tsé, na obra paradigmática *Tao Te Ching*: "No princípio está o que não tem nome. O que tem nome é a Mãe de todas as coisas".

Na tentativa de tudo querer controlar, orientados pelo medo do desamparo frente aos fenômenos incontroláveis das forças cósmicas,[71] os humanos causam o bloqueio do fluxo vital (caracterizado, entre outras coisas, pela transitoriedade e pela diversidade dos fenômenos e das formas), o que acarreta processos de (auto) destruição.

> Daí decorreram a proliferação descontrolada de técnicas, a urbanização insalubre, a poluição do universo, a submissão ao dinheiro, as guerras, incluindo as ideológicas. Bem como a esclerose progressiva do mental e do físico. Na passagem das tradições que respeitam a respiração para aquelas que se submetem à fala sem se preocupar com a respiração, o modo de falar evoluiu do dizer poético, do hino da canção, da oração de louvor para discursos já escritos ou textos, muitas vezes no imperativo, abordando mais o indivíduo em sua relação com a sociedade do que com o cosmos, um indivíduo cujo paradigma é o homem adulto sujeito à autoridade dos deuses muitas vezes ausentes de seu gênero (Irigaray, 2002, p. 53-54, tradução nossa).

Nas sociedades patriarcais, o discurso foi desapropriado da percepção sensível do corpo, por meio do excesso de racionalização, e a respiração ficou encurtada, tensa e contraída. "O discurso encontra-se sujeito ao ritual, à repetição, à especulação", presa de um sistema rígido e normativo que castra as potencialidades múltiplas das expressões humanas. Desenraizadas de suas origens orgânicas, as palavras perdem a força que vem da conexão com "a energia do corpo e do mundo que o rodeia" (Irigaray, 2002, p. 54, tradução nossa).

Quando conectadas ao corpo e ao cosmos, as palavras se lançam em poemas e em cantos — muitas vezes em embalos sagrados, outras vezes em melodias endereçadas aos amantes, aos mares e aos ventos, as divindades — usufruindo do sopro vital da respiração de uma forma criativa e pulsante, "diferente da obediência a uma palavra ou texto já escrito [...]" (Irigaray, 2002, p. 55, tradução nossa).

A transvaloração[72] dos corpos e dos sentidos se mostra nas expressões das sensibilidades, nas cores, nos odores, nos gostos, nas texturas,

---

[71] No contemporâneo, por exemplo, vivemos a crise ecológica e ambiental que acompanha a aceleração do desenvolvimento industrial e tecnológico.

[72] Como aponta Isadora Petty, Luce Irrigaram estabelece um fértil diálogo com Friedrich Nietzsche para construir o seu pensamento sobre a diferença sexual. Com a ideia nietzscheana de transvaloração, "Nietzsche então recoloca a questão da verdade no discurso filosófico ao colocá-la na mesma cena que a mulher, não como

na música, na dança, na poesia, na pintura, nas diversas criações e manifestações artísticas.

Quando permanecemos inconscientes de nossa respiração, "banhando-nos numa espécie de placenta sociocultural que nos transmite um ar já exalado, já utilizado [...]" (Irigaray, 2002, p. 55, tradução nossa), permanecemos alienados nos ideais sociais. É a tomada de consciência de nossa própria respiração e de nosso corpo presente no mundo, que nos torna capazes de viver o brilho de nossa singularidade no coletivo.

> Enquanto não respirarmos de forma autônoma, não só viveremos mal, mas também usurparemos os outros para viver. Continuamos confundidos com os outros, formando uma espécie de massa, uma espécie de tribo, onde cada indivíduo ainda não conquistou a sua vida pessoal, mas vive de uma respiração social e cultural coletiva, de uma respiração inconsciente do grupo, a começar pela família (Irigaray, 2002, p. 74-75, tradução nossa).

Nas sociedades ocidentais modernas, chamamos de cultas as pessoas que cultivam exclusivamente o intelecto, o trabalho da mente, das palavras, das competências e habilidades cognitivas. Pessoas que em sua grande parte vivem desconectadas da própria respiração, que se intoxicam com o ar poluído e com a fumaça dos carros e dos cigarros, apartadas da sensibilidade e da inteligência corporal; pessoas que não se lembram que estar vivo é ser capaz de respirar, "não apenas para sobreviver, mas para se tornar sopro, espírito" (Irigaray, 2002, p. 76-77, tradução nossa).

Segundo Irigaray, na modernidade, a diferença sexual tem sido apagada em nome de uma suposta neutralidade dos sexos. Tal neutralidade buscaria uma universalização abstrata, idealizando a desconexão da cultura com a natureza, a superioridade da técnica em relação ao orgânico, das mentes aos corpos, impondo, ainda que de forma velada, a ideologia masculina em sua versão atualizada.

Ainda, de acordo com a pensadora, os corpos do sexo feminino seriam aqueles que, mesmo dentro desse contexto, manteriam uma maior conexão com a natureza, pois são capazes de engendrar a criação da vida orgânica em si. Nesse sentido, os corpos femininos compartilham do sopro vital, multiplicam a própria respiração com a vida que geram,

---

o Outro da verdade, mas como a própria verdade: porém, verdade enquanto deslocamento de perspectivas, velamento e desvelamento, produção das diferenças, e não perpetuação do Mesmo" (Petry, 2024, p. 10).

demonstrando com a própria geração da vida em suas vísceras, que o sagrado e o carnal, o material e o espiritual, não se dissociam.

> Ao carregar a criança, ao falar com a criança [...] cuidando da criança uma vez nascida, ela compartilha sua vida, sua respiração. Se ela desse sem ficar com uma parte, sem permanecer viva, a outra perderia a existência. Ela não simplesmente dá, ela compartilha. Mas o que ela compartilha não é visto (Irigaray, 2002, p. 80, tradução nossa).

Para elas, devido ao poder gerador, o risco é de sucumbir ao apagamento subjetivo que pode lhes convocar a atração da fusão com o outro. Devido a história de seus corpos femininos, é mais desafiador manter os limites físicos e subjetivos entre o eu e o outro, os limites da própria singularidade.[73]

Como vimos no capítulo anterior, a supervalorização do amor na vida das mulheres é também um fator cultural e social, ligado a dependência econômica e emocional. Em muitos casos, como os descritos por Karen Horney, as mulheres não conseguem estabelecer limites, pois acreditam que só possuem valor e reconhecimento próprio quando estão dentro de uma relação amorosa. Nesse sentido, pensando com Irigaray, elas apenas reconhecem suas existências quando elas são refletidas no espelho plano do outro, que lhes confere algum sentido dentro da linguagem patriarcal: a mulher de alguém, a mãe de alguém, a filha de alguém etc.

Na esfera da atração sexual, não se trata de um ocupar a posição de objeto e o outro a posição de sujeito, como comumente se pensa. Na arte da atração sexual, Irigaray pontua que ambos os sexos são apreciados como sujeitos, desejantes e desejados enquanto tal, pois "o desejo humano é mais complexo" do que podemos imaginar.

É a dimensão sagrada e espiritual ligada à experiência da sexualidade que é recalcada pelo sujeito moderno. Não se trata apenas de algo carnal, como se o espírito estivesse em outro lugar, alhures; a chama do desejo sexual "é sempre em parte espiritual, mesmo que o corpo, considerado por nós como puramente natural, seja o seu lugar". Ela continua: "Compreendemos mal a atração sexual humana porque ela está ligada ao invisível e ao imperceptível da carne: à alma, à respiração" (Irigaray, 2002, p. 82, tradução nossa).

---

[73] Sobre essa experiência, compus uma música que diz assim: "No encontro do rio com o mar. Encontrei o sentido de amar. Com meu corpo junto ao teu, o meu ego se perdeu. Rohayhu, rohayhu, rohayhu". Rohayhu significa "eu te amo" na língua guarani.

Como indica Irigaray, a civilização patriarcal foi construída sobre a lógica do Mesmo, com seu *logos spermatikos*. Nessa lógica, "nós reduzimos o outro a nós mesmos, incorporamos o outro por meio do nosso conhecimento [...] no limite, nós já não vemos o outro, já não ouvimos o outro, já não o percebemos" (Irigaray, 2002, p. 82, tradução nossa). O outro enquanto tal não pode ser representado em sua diferença; e a diferença, por não poder existir simbolicamente, é logo rejeitada pelo sujeito.

> Assim evitamos o problema do encontro com o estranho, com o outro. Evitamos deixar-nos comover, questionar, modificar, enriquecer pelo outro enquanto tal. Não procuramos uma forma de coabitação ou coexistência entre sujeitos de valores diferentes, mas equivalentes (Irigaray, 2002, p. 125, tradução nossa).

Podemos dizer que é pela via do reconhecimento e pela valorização da diferença sexual, a primeira diferença simbólica, presente nas mais diversas culturas, em seus aspectos biológicos, anatômicos, psíquicos, sociais e históricos, que seremos capazes de construir linguagens e culturas que incluam a diversidade da vida, de maneira mais abrangente, "para alcançar uma cultura da alteridade, da relação com o outro como tal, do reconhecimento do outro como irredutível a nós, para fazer uma aliança" (Irigaray, 2002, p. 126, tradução nossa).

Que o outro possa permanecer enquanto outro, como alguém diferente de mim, como algo distinto de nós; que a alteridade possa existir enquanto tal, sem necessariamente representar um perigo ou uma ameaça à noção de identidade individual ou grupal. Há algo de extremamente misterioso na diferença, "e a nossa resposta a este 'mistério' é ou poderia ser espanto, admiração, elogio, por vezes questionamento, mas não reprodução, repetição, controle, apropriação" (Irigaray, 2002, p. 120, tradução nossa).

Como ensina Irigaray, é por meio da reconexão com a respiração, com o sopro vital, com as falas, com os corpos, com as mentes, com as emoções e com os pensamentos, compreendendo que não há uma cisão entre as dimensões da natureza e da cultura, mas, sim, um *continuum*; realizando nossas existências como experiências sagradas,[74] em conexão

---

[74] Sobre isso escrevi uma música que diz o seguinte: "Às vezes brava, às vezes serena. Às vezes louca, às vezes sã. No vai e vem, no vai e vem, das suas ondas... Deusa abençoa! Deusa abençôa! Mística sereia, lança o teu corpo na areia. Mística sereia, lança a tua tese na teia. Livre, louca, perigosa. Deusa, Afrodite, poderosa."

com os mistérios cósmicos, que seremos capazes de dar à luz, singular e coletivamente, a novas formas de existência. Por meio dessas reconexões e de novas conexões é que seremos capazes de parir outras linguagens, não mais centralizadoras e não mais excludentes, que serão aptas para acolher, expressar, respeitar e cuidar das diferentes formas de vida na Terra.

CONSIDERAÇÕES FINAIS

O ensino de Freud segue norteando a formação de psicanalistas ao redor do mundo e inspirando um incontável número de pensadoras, criadoras e artistas. A sua contribuição para o pensamento humano é inegável e aqueles que se submetem ao subversivo método da associação livre experienciam mudanças significativas em suas vidas, como foi o meu caso.

Entretanto, a perspectiva de que a Psicanálise deve funcionar como uma ortodoxia, íntegra e fiel ao legado de seus mestres, é improdutiva e ilusória, além de não corresponder aos acontecimentos históricos desde a sua criação, na aurora do século XX. Freud escreveu, em mais de uma oportunidade, que a teoria psicanalítica deveria se transformar se as evidências clínicas e as mudanças sociais apontassem para outras direções. Ele nunca pretendeu criar uma religião, muito pelo contrário, e ainda que tenha declarado o seu desejo de ser artista, mais especificamente, de ser escritor, ele se tornou um médico neurologista e aproximou a criação da Psicanálise de outros saberes científicos, se servindo amplamente de conceitos da Física, da Psiquiatria moderna, da Antropologia, bem como do campo das Artes Plásticas, da Mitologia clássica, da Literatura, do Teatro, entre tantos outros.

Desde as primeiras décadas do século XX, diversos psicanalistas seguiram caminhos diferentes. Para citar apenas alguns nomes, Jung, Reich e Karen Horney, sendo a última uma das protagonistas deste trabalho. É fato que Freud era uma figura dominante no movimento psicanalítico e não lidava bem com as pessoas que divergiam radicalmente do seu pensamento. Naquele momento inicial da Psicanálise, em sua concepção, era preciso delimitar o que era esse novo campo de saber e o que não era, tendo como referencial central o seu próprio pensamento. Ele se posicionava como mestre, de fato como um pai da Psicanálise, no sentido clássico do termo, aquele que detém a palavra de ordem e exerce a função de estabelecer as leis e as regras que organizam determinado campo. Sendo assim, aqueles que se diferenciassem muito do que era estabelecido pela palavra freudiana poderiam seguir os seus próprios caminhos, de preferência em outro lugar.

Mas, como acontece com frequência, a criação ultrapassou a criatura, e a psicanálise não ficou restrita ao círculo freudiano, cruzando os alpes, os mares e os continentes, e se transformando em outras possibilidades e experiências humanas.

Na França, por exemplo, um psiquiatra irreverente, amigo dos surrealistas, contestou os dogmas da Associação Internacional de Psicanálise (IPA) — instituição fundada pelo próprio Freud para regular o avanço da Psicanálise no mundo — e foi excomungado (em suas palavras). Lacan, ao propor um retorno a Freud, criou uma maneira bastante singular de pensar e praticar a Psicanálise — em diálogos com a Antropologia estrutural, a Linguística e a Lógica, as Artes etc. — fundando a sua escola.

Mais tarde, Luce Irigaray, outra protagonista deste escrito, foi ostracizada da escola de Lacan, por questionar os pensamentos e as práticas vigentes. Como vemos, a história da Psicanálise é feita de repetições, separações e invenções.

Ao longo desta obra, percebemos como o pensamento freudiano sobre a sexualidade feminina é caracterizado pelos limites do seu próprio referencial, a sexualidade masculina. Ao pensar as origens da cultura, na relação com o sujeito do inconsciente, ele não reconheceu a importância da mãe e do desejo feminino — apesar de ter citado um autor que o fez — localizando as mulheres como objetos sexuais em uma horda primitiva liderada por homens.

Ao refletir sobre os destinos da sexualidade feminina, marcada irremediavelmente pelas consequências da inveja do pênis, postulou a maternidade como a máxima realização da feminilidade, pontuando que, se o filho for um homem, será ainda melhor. Contudo, trouxe contribuições importantes ao problematizar a equivalência entre masculinidade e atividade, e feminilidade e passividade, afirmando que a libido, a energia sexual, não tem sexo, mas pode ser empregada de diferentes maneiras pelos sexos distintos.

Não posso deixar de lembrar que Freud era um entusiasta do estudo da Física e da Química cerebral, como podemos ler em diferentes textos seus, e não via oposição entre a Psicanálise e a evolução das neurociências; muito pelo contrário, ele acreditava que um dia as relações entre ambas estariam mais bem esclarecidas. Hoje, muitos psicanalistas tratam a Neurociência como uma ciência sobre a Anatomia e a Química cerebral, como se essas instâncias nada tivessem a ver com o inconsciente freudiano. Essa postura conservadora não converge com o legado de Freud, que foi um cientista das células nervosas, além de criador da Psicanálise em conexão com os saberes da Física, da Mitologia, da Antropologia, das Artes etc. A Psicanálise, tendo a experiência clínica como eixo, é um saber híbrido, criado na interlocução entre diferentes campos.

Ainda sobre a sexualidade feminina, Freud trabalhou junto com uma série de psicanalistas mulheres que contribuíram significativamente para o avanço da sua teoria, entre elas: Ruth Mack Brunswick, Jeanne Lampl-de Groot, Helene Deutsch, Sabina Spielrein, Lou-andreas Salomé, Jeanne Lampl-de Groot, entre outras. Confessando não saber responder sobre o desejo feminino, chamou de continente negro as experiências que escapam à abordagem fálica do inconsciente.

Freud chamou de catástrofe a experiência feminina de permanecer presa na relação primordial com a mãe, o que torna a menina incapaz de aceder à relação com o homem, impossibilitando a sua transformação em mulher. Por outro lado, afirmou que a relação pré-edípica da menina com a mãe é a mais fundamental para a sexualidade feminina, mas assumiu que ele não poderia tratar muito bem dessa questão específica. Para isso, sugeriu perguntarmos às analistas mulheres e aos poetas.

A relação das feministas com Freud nunca foi fácil, mas continua sendo bastante fértil até os dias atuais. Ele equivalia o movimento feminista à busca das mulheres por igualdade com os homens, pois ignorava os paradoxos presentes no campo do feminismo. Nesse sentido, não acreditava que a igualdade sexual seria algo possível. Por outro lado, era um profundo admirador de mulheres intelectuais e a sua teoria oferece uma profunda análise do funcionamento patriarcal do inconsciente, tanto no sujeito quanto na cultura, oferecendo, ainda hoje, abundante material para as críticas e para os avanços feministas, nos movimentos sociais, nas artes e nos estudos acadêmicos.

Como vimos, Karen Horney é uma pioneira do feminismo psicanalítico. Já nas primeiras décadas do século XX, contestou a universalidade dos conceitos freudianos e apontou a dominação masculina na produção dos saberes psicanalíticos sobre o sexo feminino e as sexualidades femininas. Com seu trabalho, Horney defendeu o reconhecimento da vagina e do clitóris como órgãos específicos do sexo feminino, ao postular como a percepção da vagina afeta o desenvolvimento da sexualidade infantil. Com Horney, ressignificamos a diferença sexual no seio da psicanálise. Cantamos juntas: sexo feminino, presente!

Para Horney, que também trabalhava junto com sociólogos e antropólogas, a civilização patriarcal foi construída a partir da inveja da maternidade. Em sua abordagem, a inveja do pênis é menos significativa para o psiquismo do que a inveja que o sexo masculino sente do sexo feminino, aquele que tem o poder de gerar e criar a vida. Nesse sentido, a inveja da maternidade, considerada um poder biológico, está na origem da dominação simbólica efetuada pelo macho, por meio do poder exercido pelo órgão viril e pelo símbolo fálico. Ela demonstrou como os ideais patriarcais de feminilidade, ligados a dominação simbólica masculina, produzem formas de opressão e consequências danosas para a saúde mental das mulheres, em diferentes culturas. Problematizou a valorização extrema do amor romântico e defendeu a existência de coletivos de mulheres.

Karen Horney não postulou uma universalização do feminino e da feminilidade; pelo contrário, abordou as diferenças entre as mulheres a partir da experiência clínica, levando em conta a singularidade de cada caso, na complexidade de seu contexto biológico, psicológico, social e histórico. Ela se dedicou a compreender os efeitos da cultura patriarcal nas subjetividades femininas e pode ser considerada a mãe da Psicologia feminina, título atribuído em homenagem à sua obra de mesmo nome.

Luce Irigaray, importante representante do feminismo da diferença, se serviu do legado de Karen Horney e afirmou a presença do sexo feminino, na psicanálise, na linguagem e na cultura. A psicanalista propõe abordar o simbólico aliado ao imaginário feminino a partir de uma multiplicidade de órgãos e elementos sensíveis: a pele, os lábios, o ventre, o útero, a placenta, o cordão umbilical, e também o leite, as lágrimas, o sangue etc.

Para a autora, a lógica patriarcal é fundada pelo matricídio, pela morte simbólica da mãe, na cultura e no sujeito; efetuando-se com a imposição de apenas um sexo representável, o masculino, e apenas uma Lei simbólica, a do pai. O exílio da dimensão simbólica da mãe, de seu sexo e de sua lei, produz no sujeito o exílio de sua relação com o próprio corpo e com o seu sentir. Alienado do sentimento de pertencimento, ele passa a destruir o mundo, assim como destrói sistematicamente a si mesmo.

Com Irigaray, afirmo que é preciso reviver a mãe! Reestabelecer a conexão com o corpo, com a respiração, com as sensibilidades; em um movimento de abertura para novas possibilidades de expressões criativas com as linguagens. Ao criticar os dualismos entre corpo e mente, razão e emoção, cultura e natureza, ela propõe uma reconexão e ressignificação da experiência humana com a matéria sagrada que lhe constitui. Para ela, há uma conexão intensa e espiritual entre a fala e o sopro, entre o que se sente e o que se diz, entre o que se percebe no próprio corpo e o que se atua na coletividade.

O cordão umbilical é símbolo da nossa primeira ligação com outro ser humano, vínculo que representa nossa conexão fundamental com a vida que nos ultrapassa. Laço visceral que deixa marcas indeléveis na subjetividade, incluindo a cicatriz do primeiro corte, a partir do qual passamos a (com)viver com o desamparo, sustentando as nossas singularidades no mundo. A placenta, por sua vez, simboliza a nossa primeira morada, lugar de acolhimento e nutrição da diferença que representamos, dentro do corpo da nossa mãe.

O modo como os seres humanos têm vivido dentro do sistema patriarcal está destruindo as possibilidades de existência de vida na Terra.[75] Atualmente, as discussões sobre sustentabilidade e consciência ecológica crescem e se manifestam em práticas em diversos países do mundo. No contexto da psicanálise, penso que reviver a mãe é fundamental nesse processo de transmutação, pois a conexão com ela é a primeira e a mais vital relação dos seres humanos com a experiência de criação e sustentação da vida.

Desse modo, reviver a mãe significa também viver experiências sensíveis, valorizando as múltiplas linguagens e a interdependência entre as mais diversas formas de estar no mundo. Descobrir (no sentido de desvelar o que está velado) as nossas genealogias femininas — também uma forma de reviver a mãe — é ampliar a dimensão simbólica e imaginária das experiências humanas, nos tornando mais capazes de incluir e acolher as diferenças que nos constituem.

A minha vida se transformou ao longo desse processo de pesquisa e escrita. A Taoana que começou este trabalho certamente não é a mesma que respira aqui e agora. Muitas coisas aconteceram nesses últimos anos. Pandemia, perdas significativas, mudanças, desencontros e encontros amorosos. O mergulho no multiverso das autoras psicanalistas e feministas mudaram minha maneira singular de pensar e de atuar como psicanalista.

---

[75] "E se pudermos dar atenção a alguma visão que escape a essa cegueira que estamos vivendo no mundo todo, talvez ela possa abrir a nossa mente para alguma cooperação entre os povos, não para salvar os outros, mas para salvar a nós mesmos. [...] Do nosso divórcio das integrações e interações com a nossa mãe, a Terra, resulta que ela está nos deixando órfãos, não só aos que em diferente graduação são chamados de índios, indígenas ou povos indígenas, mas a todos. Tomara que estes encontros criativos que ainda estamos tendo a oportunidade de manter animem a nossa prática, a nossa ação, e nos deem coragem para sair de uma atitude de negação da vida para um compromisso com a vida, em qualquer lugar, superando as nossas incapacidades de estender a visão a lugares para além daqueles a que estamos apegados [...]" (Krenak, 2020, p. 24-27).

Senti a necessidade intensa de me reaproximar do corpo pela via das expressões artísticas. Inscrevi-me em uma formação de Arte e Mediações terapêuticas na *Université Paris Cité* e me mudei para a França, para realizar um sonho antigo. Comecei a utilizar as mediações artísticas em meu trabalho na clínica e nas atividades de grupo com mulheres brasileiras que organizo. Também, me autorizei a inserir em meus trabalhos alguns exercícios de reconexão com as sensibilidades; com o corpo e com a respiração, quando sinto que seja desejável, na especificidade de cada caso.

Com as autoras que estudei, pude perceber que a criação da psicanálise é realizada na conexão com diversos campos de saberes e práticas. Nesse sentido, minha postura ética e profissional é a de entender que o trabalho interdisciplinar é mais interessante e torna o tratamento psicanalítico mais efetivo. A pesquisa e a prática clínica me mostraram que o exercício da psicanálise é um processo aberto e inacabado; e é o saber que elaborei sobre o meu inconsciente em análise que me permite atuar como psicanalista no mundo.

A travessia que realizei, com minhas angústias e desejos, me transformou em alguém que, lidando melhor com o meu próprio vazio, se autoriza a criar. Sigo em constante movimento. Para mim, a psicanálise não é uma religião, mas sim um saber fazer singular com o inconsciente, na singularidade de cada caso e de cada contexto, o que se aproxima muito mais das artes e do exercício constante da criatividade.

Com as expressões artísticas, em conexão com os diferentes materiais, por meio do desenho, da música, da fotografia, da escrita, da dança etc., o inconsciente pode se expressar para além das regras da linguagem verbal, manifestando-se por meio das diversas linguagens sensíveis, utilizando-se dos recursos imaginários e simbólicos disponíveis em cada momento. Assim, a experiência clínica é capaz de integrar de maneira mais ampla a multiplicidade dos corpos, dos afetos, os significantes e as memórias, as lembranças e as paixões, favorecendo os processos criativos e as transformações, singulares e coletivas.

Em um futuro próximo, desejo seguir pesquisando sobre as relações entre o feminino e a criação. A autora Julia Kristeva indica que a biopolítica contemporânea nos obriga a questionar constantemente a ética, ou mais precisamente, apela a uma reestruturação da ética que pode ser assumida pelo feminino. Mas o que seria o feminino nesse contexto?

A dimensão aberta e não idêntica do sujeito, o seu lugar vivo e pulsante; caldeirão fértil e criativo onde a vida se faz, se desfaz e refaz. Nessa perspectiva, o feminino também diz respeito à sensorialidade, à musicalidade e à criatividade que constituem as experiências com o inconsciente.

REFERÊNCIAS

AMORIM, Patricia Mafra de. **Karen Horney**: o feminismo e a feminilidade. Orientador Daniel Kupermann. 2021. Tese (Doutorado em Psicologia Clínica) – Faculdade de Psicologia, Universidade de São Paulo, São Paulo, 2021.

AMBRA, Pedro. Aquém do pai? Sexuação, socialização e fraternidade em Freud. *In*: KOSSI, Rafael. **Freud e o patriarcado**. São Paulo: Hedra, 2020. p. 23-41.

BEARD, Mary. **Mulheres e poder**: um manifesto. Rio de Janeiro: Bertrand, 2018.

BEAUVOIR, Simone. **O segundo sexo**. São Paulo: Difusão Europeia do livro, 1970.

BRAIDOTTI, Rose. **Diferença, diversidade e subjetividade nômade**. Florianópolis: Labyris estudos feministas, 2002. Disponível em: https://www.labrys.net.br/labrys1_2/rosi1.html. Acesso em: 14 fev. 2025.

BUTLER, Judith. **Problemas de gênero**: feminismo e subversão da identidade. Rio de Janeiro: Civilização Brasileira, 2019.

CIXOUS, Hélène. **O riso da Medusa**. Prefácio de Frédéric Regard; tradução de Natália Guerellus e Raísa França Bastos; posfácio de Flavia Trocoli. Rio de Janeiro: Bazar do Tempo, 2022.

CIROTTEAU, Thomas; KERNER, Jennifer; PICAS, Éric. **Lady Sapiens**. Paris: Les Arènes, 2021.

FIGARI, Carlos. Conocimiento situado y técnicas amorosas de la ciencia. Tópicos de epistemología crítica. *In*: ALVARO, Mará Belén; DIAZ, Martín Ezequiel (org.). **Cuerpos, territorios y gubernamentalidad neoliberal**: miradas sobre los regímenes extractivistas desde la epistemología feminista. Córdoba: Astrolabio, 2020. p. 249-273.

FRANÇOIA, Carla. **De Freud à Irigaray**: da mulher como enigma a potência crítica das estruturas hegemônicas. 2018. Tese (Doutorado em Filosofia) – Pontifícia Universidade Católica do Paraná, Curitiba, 2018.

FREUD, Sigmund. Análise terminável e interminável (1937). *In*: **Edição Standard Brasileira das Obras psicológicas Completas de Sigmund Freud**. Rio de Janeiro: Imago, 1996b. p. 225-276.

FREUD, Sigmund. **Totem e tabu**: contribuição à história do movimento psicanalítico e outros textos. São Paulo: Companhia das letras, 2012.

FREUD, Sigmund. Sobre a sexualidade feminina. *In*: MORAES, Maria Rita Salzano. **Amor, sexualidade, feminilidade**. Belo Horizonte: Autêntica, 2018. p. 220-238. (Obras incompletas de Sigmund Freud).

FREUD, Sigmund. A feminilidade. *In*: MORAES, Maria Rita Salzano. **Amor, sexualidade, feminilidade**. Belo Horizonte: Autêntica, 2018. p. 242-265. (Obras incompletas de Sigmund Freud).

FREUD, Sigmund. Contribuições para Psicologia da Vida amorosa. *In*: MORAES, Maria Rita Salzano. **Amor, sexualidade, feminilidade**. Belo Horizonte: Autêntica, 2018. p. 84-134. (Obras incompletas de Sigmund Freud).

FREUD, Sigmund. Organização genital infantil. *In*: MORAES, Maria Rita Salzano. **Amor, sexualidade, feminilidade**. Belo Horizonte: Autêntica, 2018. p. 183-190. (Obras incompletas de Sigmund Freud).

FREUD, Sigmund. O declínio do complexo de édipo. *In*: MORAES, Maria Rita Salzano. **Amor, sexualidade, feminilidade**. Belo Horizonte: Autêntica, 2018. p. 190-198. (Obras incompletas de Sigmund Freud).

FREUD, Sigmund. Algumas diferenças psíquicas da distinção anatômica entre os sexos. *In*: MORAES, Maria Rita Salzano. **Amor, sexualidade, feminilidade**. Belo Horizonte: Autêntica, 2018. p. 199-209. (Obras incompletas de Sigmund Freud).

FREUD, Sigmund. A questão da análise leiga, conversas com uma pessoa imparcial. *In*: DORNBUSCH, Claudia. **Fundamentos da Clínica psicanalítica**. Belo Horizonte: Autêntica, 2016. p. 149-209. (Obras incompletas de Sigmund Freud).

FREUD, Sigmund. Análise terminal e interminável. *In*: FREUD, Sigmund. **Edição standard brasileira das obras psicológicas completas de Sigmund Freud**. Rio de Janeiro: Imago, 1937. p. 239-287.

FREUD, Sigmund. O tema dos três escrínios. *In*: FREUD, Sigmund. **Edição Standard Brasileira das Obras psicológicas Completas de Sigmund Freud**. Rio de Janeiro: Imago, [1913].

FRIEDAN, Betty. **A mística feminina**. Rio de Janeiro: Rosa dos Tempos, 2020. E-book.

GABRECHT, Ana. Os antecedentes da política no mundo grego: a civilização micênica. *In*: ENCONTRO DE HISTÓRIA DA ANPUH – HISTÓRIA POLÍTICA EM DEBATES: LINGUAGENS, CONCEITOS, IDEOLOGIAS, 8., 2010, Vitória. **Anais** [...]. Vitória: ANPUH, 2010.

GARCIA, Carla. **Ovelhas na névoa**. 1991. Tese (Doutorado em Sociologia) – Pontifícia Universidade Católica de São Paulo, São Paulo, 1991.

GARCIA, Carla. **Breve história do feminismo**. São Paulo: Claridade, 2015. E-book.

GAY, Peter. **Freud**: uma vida para nosso tempo. Rio de Janeiro: Companhia das letras, 2012.

GUERRA, Luciana; SCIORTINO, Maria. **Volver a los setenta**: el feminismo italiano de la diferencia sexual. La Plata: EDULP, 2013.

HARAWAY, Donna. Saberes localizados: a questão de ciência para o feminismo e o privilégio da perspectiva parcial. **Cadernos Pagu**, situando diferenças, Campinas, v. 5, p. 7-41, 1995. Disponível em: https://ieg.ufsc.br/storage/articles/October2020/31102009-083336haraway.pdf. Acesso em: 5 set. 2024.

HORNEY, Karen. **Novos rumos da psicanálise**. Rio de Janeiro: Editora civilização brasileira, 1966.

HORNEY, Karen. A fuga da feminilidade: o complexo de masculinidade nas mulheres segundo as óticas masculina e feminina. *In*: HORNEY, Karen. **Psicologia feminina**. Rio de Janeiro: Editora Bertrand Brasil S.A., 1991. p. 51-66.

HORNEY, Karen. A negação da vagina: Uma contribuição para o problema das angústias genitais específicas nas mulheres. *In*: HORNEY, Karen. **Psicologia feminina**. Rio de Janeiro: Editora Bertrand Brasil S.A., 1991. p. 145-158.

HORNEY, Karen. Os problemas no casamento. *In*: HORNEY, Karen. **Psicologia feminina**. Rio de Janeiro: Editora Bertrand Brasil S.A., 1991. p. 117-130.

HORNEY, Karen. A feminilidade inibida: A contribuição psicanalítica para o problema da frigidez. *In*: HORNEY, Karen. **Psicologia feminina**. Rio de Janeiro: Editora Bertrand Brasil S.A., 1991. p. 67-80.

HORNEY, Karen. A tensão pré-menstrual. *In*: HORNEY, Karen. **Psicologia feminina**. Rio de Janeiro: Editora Bertrand Brasil S.A., 1991. p. 97-104.

HORNEY, Karen. Fatores psicogênicos nos distúrbios funcionais femininos. *In*: HORNEY, Karen. **Psicologia feminina**. Rio de Janeiro: Editora Bertrand Brasil S.A., 1991. p. 159-172.

HORNEY, Karen. A desconfiança entre os sexos. *In*: HORNEY, Karen. **Psicologia feminina**. Rio de Janeiro: Editora Bertrand Brasil S.A., 1991. p. 105-116.

HORNEY, Karen. O ideal monogâmico. *In*: HORNEY, Karen. **Psicologia feminina**. Rio de Janeiro: Editora Bertrand Brasil S.A., 1991. p. 81-96.

HORNEY, Karen. Medo da mulher: Observações sobre diferença específica no medo sentido por homens e mulheres em relação ao sexo oposto. *In*: HORNEY, Karen. **Psicologia feminina**. Rio de Janeiro: Editora Bertrand Brasil S.A., 1991. p. 131-144.

HORNEY, Karen. A supervalorização do amor: estudo de um tipo feminino comum atualmente. *In*: HORNEY, Karen. **Psicologia feminina**. Rio de Janeiro: Editora Bertrand Brasil S.A., 1991. p. 181-210.

HORNEY, Karen. O masoquismo feminino. *In*: HORNEY, Karen. **Psicologia feminina**. Rio de Janeiro: Editora Bertrand Brasil S.A., 1991. p. 211-230.

HORNEY, Karen. Necessidade neurótica de amor. *In*: HORNEY, Karen. **Psicologia feminina**. Rio de Janeiro: Editora Bertrand Brasil S.A., 1991. p. 243-256.

HORNEY, Karen. As mulheres e o medo de agir. *Lacuna: uma revista de psicanálise*, São Paulo, n. 13, p. 2, 2022. Disponível em: https://revistalacuna. com/2022/08/10/n-13-03/. Acesso em: 5 set. 2024.

IRIGARAY, Luce. **Sexes et Parentés**. Paris: Les. Editions de Minuit, 1987.

IRIGARAY, Luce. **Between East and West**: from singularity to community. New York: Columbia University Press, 2002.

IRIGARAY, Luce. **Espéculo de la outra mujer**. Madrid: Ediciones Akal, 2007.

IRIGARAY, Luce. **Este sexo que não é só um**: sexualidade e status social da mulher. São Paulo: Editora Senac, 2017.

KRENAK, Ailton. **Ideias para adiar o fim do mundo**. São Paulo: Companhia das letras, 2020.

LACAN, Jaques. Subversão do sujeito e dialética do desejo. *In*: LACAN, Jacques. **Escritos**. Rio de Janeiro: Jorge Zahar, 1998. p. 793-842.

LACAN, Jacques. **O Seminário, livro 20**: mais, ainda. Rio de Janeiro: Zahar, 2008.

LACAN, Jacques. **Encore**. Versão da Escola Letra Freudiana. Rio de Janeiro, 2020.

LAQUEUR, Thomas. **Inventando o sexo**: corpo e gênero dos gregos a Freud. Rio de Janeiro: Relume Dumará, 2001.

MITCHEL, Juliet. **Psicanálise e feminismo, Freud, Reich, Laing**. Belo Horizonte: Interlivros, 1979.

MURARO, Luisa. **El orden simbólico de la madre**. Madrid: Riuniti, 1994.

PETRY, Isadora. Anarquia e subversão: a tentativa de repensar algumas teses sobre a crítica de Luce Irigaray à psicanálise e a proposta de retorno à filosofia. **Dossiê**, Ensaios Filosóficos, v. XIX, p. 199-208, jul. 2019. Disponível em: https://www.ensaiosfilosoficos.com.br/Artigos/Artigo19/14_DOSSIE_Ensaios_Filosoficos_Volume_XIX. Acesso em: 20 jun. 2024.

PLANTE, M. Derrida, la différance: une contribution à une "anthropologie phénoménologique". **Revue philosophique de la France et de l'étranger**, Paris, p. 473-489, 2019. Disponível em: https://doi.org/10.3917/rphi.194.0473. Acesso em: 14 fev. 2025.

PONCIANO, João Victor; BRÍGIDO, Edimar (org.). A epistemologia feminista enquanto novo paradigma científico. *In*: PONCIANO, João; BRIGIDO, Edimar. **A Revolução do Pensamento Feminino**: marcas de esperança. 2. ed. Rio de Janeiro: Multifoco, 2022. v. 2, p. 21-33.

PRECIADO, Paul. **Eu sou o monstro que vos fala**: relatório para uma academia de psicanalistas. Rio de Janeiro: Zahar, 2022.

QUINN, Susan. **A mind of her own**: the life of Karen Horney. Lexington: Plunkett Lake Press, 2011. E-book.

RAGO, Margareth. Epistemologia feminista, gênero e história. *In*: PEDRO, Joana; GROSSI, Miriam (org.). **Masculino, feminino, plural**. Florianópolis: Ed Mulheres, 1998.

RICH, Adrienne. **Of Woman Born**: motherhood as experience and institution. New York: W.W. Norton & Company, 1995.

ROUDINESCO, Elisabeth. **Sigmund Freud na sua época e no nosso tempo**. Rio de Janeiro: Zahar, 2016. E-book.

RUBINS, Jack. **Karen Horney**: gentle rebel of psychoanalysis. New York: The Dial Press, 1978.

SAINI, Angela. **Inferior é o Car*lh@**. Rio de Janeiro: Darkside, 2018.

SAN MARTIN, Pabla. **Manual de introdução à ginecologia natural**. Valle del Aconcagua: Ginecosofia ediciones, 2019.

SCOTT, Joan. **Only paradoxes to offer**: french feminists and the rights of man. Massachusetts: Harvard University Press, 1996.

TAVARES, Gilson. Sobre amor, sexualidade, feminilidade. *In*: MORAES, Maria Rita Salzano. **Amor, sexualidade, feminilidade**. Belo Horizonte: Autêntica, 2018. p. 5-24.

TRUTH, Sojourner. E não sou uma mulher. Tradução de Osmundo Pinho. **Portal Geledés**, 2014. Disponível em: https://www.geledes.org.br/e-nao-sou-uma--mulher-sojourner-truth/. Acesso em: 10 fev. 2025.

TSE, Lao. **Tao te King**. São Paulo: Pensamento, 2016.

WILSHIRE, Donna. Os usos do mito, da imagem e do corpo da mulher na re-imaginação do conhecimento. *In*: JAGGAR, Alison; BORDO, Susan. **Gênero, corpo, conhecimento**. Tradução de Brítta Lemos de Freitas. Rio de Janeiro: Record: Rosa dos Tempos, 1997. p. 101-125.

ZANELLO, Valeska. **A prateleira do amor**: sobre mulheres, homens e relações. Curitiba: Appris, 2022. E-book.